Safiya Hussaini
Raffaele Masto

Mi vida

Traducción de Juan Manuel Salmerón

RBA

Título original: *Io, Safiya*

Publicado originalmente por Sperling & Kupfer Editores, S.p.A., Milán, Italia
Publicado por acuerdo con Linda Michaels, Ltd., International Literary Agents

Pérez Galdós, 36 bis, 08012 Barcelona

Diseño de cubierta: Idee

ISBN: 84-473-3929-7
Depósito Legal: B.43-776-04

Impresión y encuadernación:
MÁRMOL

Impreso en España - Printed in Spain

PRÓLOGO

La historia de Safiya es casi un prototipo sangrante de lo peor de la vida de la mujer en la Tierra. Es la historia de tantísimas Safiya como han conocido los siglos de una civilización que ni ha admitido la igualdad entre los sexos ni le ha dado a la mujer más papel que el de la sumisión al hombre que la ha elegido para colaborar a su bienestar y darle hijos. Religiones, ideologías y creencias, constitutivas todas ellas de lo que llamamos cultura, son las que han creado en el hombre la convicción de que él era el ser privilegiado de la creación, y que los demás seres de la Tierra habían nacido para ponerse a su servicio. Las mujeres incluidas, y en primer lugar.

Ha hecho falta mucho tiempo, muchas luchas, muchas ideas para que poco a poco la mujer comenzara a salir del pozo profundo en el que se encontraba y pudiera ser considerada igual al hombre, al menos en el aspecto legal. Porque, si del ámbito de las leyes pasamos al de las religiones, vemos que los defensores de la fe se han mantenido firmes en su convicción de la diferencia y de la superioridad de un sexo frente a otro, como lo prueba el hecho de que todavía hoy en ninguna religión las mujeres pueden ser ministros de un dios que, por cierto, se considera sin discusión de sexo masculino.

Aun así, las ideas que promueven la aceptación de los derechos humanos hoy en día trabajan, sin prisa pero sin pausa, guiándose por el principio de que todos los seres humanos nacen libres e iguales en dignidad y derechos, y se ha abierto una brecha por donde ya circulan más hombres y mujeres que esgrimen el estandarte de la igualdad. Un paso difícil y abrupto que intentamos convertir en camino, aunque esté lleno de atajos falsos y plagado de peligros, porque sabemos, como dijo el poeta, que se hace camino al andar.

Safiya nos cuenta su historia con extrema sencillez, y lo más deslumbrante es que nos la cuenta desde la salvación, cuando los horrores de la condena a ser lapidada por adulterio han desaparecido gracias, sobre todo, a la presión de la comunidad internacional. Tal vez este sea el secreto de un libro en el que la autora nos dibuja el paisaje de su niñez, su primera boda a los trece años con un hombre de más de cincuenta, sus miedos, el refugio en los hijos, los divorcios, los nuevos matrimonios, las traiciones, las costumbres ancestrales por las que se guían los habitantes de su país, los horrores de verse sometida a la voluntad de padres y maridos, las dudas y los engaños. Pero Safiya no se limita a contarnos su historia, sino que mira su propia vida comenzando a preguntarse por qué le ocurrió lo que le ocurrió. Y lo hace de forma tan simple, tan sincera y real, que acaba haciéndonos comprender que, al margen de la injusticia sideral de estar sometida a esta inferioridad, es precisamente por el conocimiento por donde le llega la salvación. Una salvación que no se limita a la supresión de la condena a morir lapidada, sino que trasciende esos límites y se convierte en denuncia de la sumisión a los designios ajenos, sean de seres reales de la propia familia o de seres abstractos y teocráticos que rigen la vida de la comunidad.

Bello es el gesto de tantas personas en todo el mundo que abogaron con su palabra por la supresión de la condena de Safiya, pero más bello aún es conocer el ambiente de la aldea en el que Safiya se movió y darse cuenta de cómo desde niña la educaron y la guiaron (a ella y a todas las niñas de su aldea, de su país, de tantos lugares del mundo) para que no tuviera más aspiración ni más objetivo que el de pertenecer a un hombre, el único que podía darle un mínimo de autoestima, una vida ordenada y aceptada por la sociedad, unos hijos y un cierto bienestar.

Contra la salvación por el conocimiento, a esas mujeres solo se les concede la salvación a través del hombre que las posee. Y como vemos en esta desdichada historia, no todos tienen la voluntad de convertirlas en sus esposas, sino que los hay también que las engañan con ese mismo pretexto y luego las abandonan a su suerte. Aun cuando, como en el caso de Safiya, la traición las lleva a ser condenadas a morir lapidadas.

El trabajo que queda por hacer no es solo el de luchar para que no se lapide a más mujeres, sean adúlteras o no, lo que a fin de cuentas ha de ser aceptado como un comportamiento que solo a ellas atañe, sino intentar cambiar las condiciones en las que se basa el proceso de educación de las mujeres, a fin de que puedan valerse por sí mismas desde el punto de vista económico y laboral, y también desde el del control de su propio cuerpo y de su alma. Y educar asimismo a los hombres para intentar erradicar esa sensación de ser los amos de la creación que desde hace milenios llevan clavada en el alma con tanta seguridad y arrogancia.

En este sentido, la historia de Safiya nos muestra la verdad de una situación en la que por desgracia se encuentran aún hoy cientos de miles de mujeres, con la aquiescencia de muchos hombres que siguen considerándolas un objeto de su propiedad cuando no un objeto de desecho. *Mi vida* es sin duda alguna el bellísimo testimonio de una mujer que nos cuenta su vida, como he dicho, desde la salvación, pero también desde la muerte, cuyo rostro Safiya tuvo que mirar de frente durante tantos días y tantas horas que, según ella misma admite, ya nunca podrá olvidar.

ROSA REGÀS

LA HUIDA

La sabana, tierra ardiente e infinita, tierra ocre y rojiza como el matorral, con las acacias y los baobab que se vislumbran en el horizonte. Aunque nací en ella y la había recorrido cientos de veces con mis pies desnudos, aquella mañana me parecía irreconocible. En mi interior la sentía extraña, hostil, al igual que todo lo que hasta ese momento me había sido familiar, el mundo donde me había sentido segura y la gente que había considerado amiga. Ese mundo y esa gente que me habían condenado al peor de los destinos: un final atroz del que trataba de huir desde hacía dos días.

Mi destino... ¡cómo no pensar en él! Lo tenía siempre presente, era como una aviesa amenaza que se cernía sobre mí y me aterrorizaba cada vez que mis ojos se posaban en una piedra, una de las muchas que salpican esta tierra polvorienta:

con piedras habían de lacerarme hasta la muerte. Morir lapidada, ese era mi destino. Me imaginaba enterrada hasta los hombros y con la cabeza cubierta por un trozo de arpillera, sintiendo las fuertes pedradas que llovían sobre mí hasta el último suspiro... sintiendo el dolor, notando cómo la sangre resbalaba por mi cara y preguntándome cuánto duraría aquel suplicio antes de que la muerte viniera a liberarme.

De alguna manera estaba ya muerta, pensaba, sin dejar de caminar en medio del calor sofocante. Huir no solo significaba dejar atrás mi poblado, Tungan Tudu, sino también mis raíces. Atrás quedaba todo lo que tenía, ante mí solo había oscuridad, miedo y muerte. Pero también la única certidumbre, lo único por lo que debía luchar y sobrevivir: Adama, mi hija. La llevaba conmigo, atada a la espalda, rebujo suave y calentito; Adama, que sin ella saberlo era la causa de mi drama... Tenía miedo, más miedo que nunca. Era el miedo del animal acosado, un miedo tan grande que, aun sin una meta, me obligaba a seguir avanzando por aquel paisaje abrasador. Estaba extenuada. ¿Cuánto aguantaría? Y Adama, ¿cuánto tiempo sobreviviría, con lo frágil y menuda que era? Las pocas provisiones que había cogido para la huida se habían acabado. No quedaba ni carne seca ni harina, ni siquiera leche, y la poca agua restante la guardaba para cuando Adama despertase. En aquel momento el sol estaba en el cenit. Si seguía caminando, sucumbiría junto con mi hija. Tenía que encontrar un lugar donde protegerme y esperar la caída del día para continuar la marcha. No lejos de allí había un árbol y, con gran esfuerzo, llegué hasta él; pero cuando iba a extender la esterilla en el suelo vi a lo lejos unas siluetas que se movían: camellos y, luego, un pastor; y me dije: ¡si me acercara a aquel pastor podría darme agua y comida! Saqué fuerzas de flaqueza para gritarle y llamar su atención, pero algo me lo impidió: ¡no, no podían verme! ¡Lo que debía hacer era ocultarme! A esas alturas sabrían de mi condena en todos los poblados y quien me reconociera llamaría a la policía...

Desesperada, me dejé caer al pie del árbol y no perdí de vista al pastor hasta que desapareció sumido en la calina amarillenta. Entonces vi con toda claridad y crudeza lo inmensamente sola que estaba, y por primera vez desde que había dejado el poblado rompí a llorar. Ningún ser humano podía ayudarme. ¿Qué sería de mí y de mi hija? Miré a Adama que, ajena a todo, yacía dormida en la estera, junto a mí. Y allí seguimos, ella durmiendo, yo despierta, esperando a que el sol declinase. Era un momento del día que siempre me había gustado: dejaba lo que estuviera haciendo y contemplaba las variaciones de color y las curiosas formas que las sombras alargadas dibujaban en el suelo, mientras mi imaginación se recreaba con todo tipo de sueños e ilusiones. Aquella tarde, sin embargo, no experimenté ninguna sensación agradable. Insensible al ambiente que refrescaba, sin fuerzas en el cuerpo ni en el alma, cargué de nuevo con Adama y me dispuse a continuar la marcha. Seguramente el pastor se dirigía a algún pozo para dar de beber a los camellos. Lo seguiría. Si quería sobrevivir, el agua era más importante que la comida. Eché a andar. Tenía la garganta y la boca resecas. Todo me parecía como difuminado, no sabía si debido a la calina o a mi debilidad. Era incapaz de caminar sin arrastrar los pies y cada paso me costaba más esfuerzo.

Adama empezó a lloriquear. La pobrecilla no comía como es debido desde hacía dos días, tenía que sentirse aún peor que yo. Me detuve y le di a beber las últimas gotas de agua; ella las tragó con avidez. Me pregunté qué ocurriría si no encontraba pronto el pozo. Seguí caminando. Mi vista empezaba a nublarse, me temblaban las piernas y de vez en cuando me quedaba inmóvil, incapaz de moverme. Pero seguí, seguí avanzando hasta que anocheció, hasta que se hizo noche cerrada y me di cuenta de que continuar en plena oscuridad no tenía sentido. No había encontrado el pozo, tal vez me había desviado del camino. Quizá Dios quería de verdad que muriese lapidada por haber cometido un pecado gravísimo que yo, una inconsciente, no era capaz de comprender...

Desesperada, desplegué la estera al pie de un árbol, acosté en ella a Adama y me senté a su lado, apoyando la espalda contra el tronco. Como me temía, la pequeña no tardó en despertarse y se echó a llorar inconsolablemente: se me encogió el corazón. Era terrible saber que tenía hambre y sed y no poder ofrecerle más que amor. La cogí en brazos, la acaricié, la arrullé. Adama se calmó. Al poco empezó a respirar regularmente y comprendí que se había quedado dormida.

Bajo aquel árbol, en la oscuridad, me asaltaban de nuevo las imágenes del destino que me esperaba: las pedradas, el dolor, la muerte... Mi sangre, la muerte... Y poco a poco caí en el sueño, entre pesadillas.

Me desperté al alba. Era el tercer amanecer desde que me había escapado.

Adama seguía durmiendo, pero no tardaría en despertarse. La sed y el hambre la harían llorar de nuevo y yo no podría hacer nada.

No te despiertes, pequeña mía, será mejor que sigas durmiendo, pensaba. Así no sentirás el hambre, la sed, el dolor...

Sumida en la tristeza de aquel momento y mientras miraba a mi hija, comprendí que nada era más importante que Adama, ni siquiera mi propia supervivencia. Ella tenía que vivir. Estaba dispuesta a sacrificar mi vida con tal de salvar la suya. Si encontraba un poblado me entregaría a la policía y ella se salvaría. Allí en la sabana, en cambio, moriríamos las dos. Ser lapidada me parecía preferible a aquella muerte en plena sabana. Mejor morir entre seres humanos, que ellos me ejecuten, que perecer allí, como una bestia acosada.

Y como para convencerme de ello miré a mi alrededor una vez más... y lo vi.

Un pozo, había un pozo a unos metros de distancia. Agotada como estaba la noche anterior, en la oscuridad no me había dado cuenta de su cercanía. Podía apagar mi sed y la de Adama. Era nuestra salvación. Y también una señal de Dios, estaba segura. Así me indicaba lo que quería: que viviésemos las dos.

Quise levantarme para acercarme al pozo, pero no me quedaban fuerzas para sostenerme en pie y llegué hasta él arrastrándome, jadeando. Tenté hasta encontrar el recipiente de hojalata que hay siempre en los pozos a disposición de los que por ahí pasan. Sujetándolo por el cordel, lo eché al pozo y luego empecé a subirlo. Ese gesto, que había hecho miles de veces a lo largo de mi vida, me costó un esfuerzo inmenso. Cuando el recipiente llegó al borde del pozo, estaba agotada. Tenía que beber. Sin embargo, no podía, me sentía demasiado cansada, demasiado débil. Me obligué a reaccionar. Dios no podía haberme llevado hasta el pozo en balde. Unas cuantas gotas de agua me cayeron en las manos: fue un contacto fresco, fresquísimo, que bastó para darme fuerzas. Acerqué mis labios resecos al recipiente, toqué el agua. Di un primer sorbo, luego otro... Fue como volver a la vida: el agua regaba mi cuerpo como la lluvia los campos agostados por el sol. Bebí hasta saciarme y, por fin reconfortada, di de beber a Adama, que se había despertado. También ella pareció reanimarse. En el silencio del nuevo día su llanto resonó más penetrante. Mi niña tenía ahora hambre. También eso era una señal de Dios. Nos había procurado agua, pero no comida. Si quería comer, pues, debía seguir huyendo, buscar un poblado y pedir ayuda.

Era la hora de la oración. Incluso extender la estera me costó un gran esfuerzo. Lo hice muy despacio, luego me prosterné. Y entonces Dios me mandó la segunda señal: un árbol, un baobab distinto de todos los demás, cuyo tronco, muy ancho y ahuecado, parecía formar un cobijo. No daba crédito a mis ojos, parecía imposible que fuera el mismo, pero... sí, lo era. Lo conocía bien. Su curiosa forma ya me había llamado la atención otras veces. ¿Cuándo? Claro, cuando iba al poblado de Jinjina a visitar a un hermano de mi padre.

No me equivocaba, allí veía también el sendero y la colina: al otro lado estaba Jinjina. Cogí a Adama y la até de nuevo a mi espalda. Era el último esfuerzo, un esfuerzo decisivo. Empecé a caminar despacio, con miedo a caerme: un paso tras otro, tras otro, tras otro.

El sendero parecía no acabar nunca, tenía la impresión de llevar caminando horas y horas. Pero era por el cansancio, lo supe en cuanto llegué a Jinjina y vi el sol todavía un poco elevado en el horizonte. Los viejos sentados a la entrada de las casas me miraban sorprendidos, incluso algo horrorizados: debía de tener un aspecto lastimoso.

Al llegar a la casa de mi tío dudé un momento, luego entré. Él se apresuró a darme un cuenco de arroz con *kassawa* (mandioca) y carne. Esperó en silencio a que terminara de comer y alimentase a Adama y luego me habló con franqueza. Sabía de mi condena y mi fuga, pero tenía que volver a Tungan Tudu, pues mi padre, convencido de haberme perdido para siempre, estaba desesperado. Él —añadió mi tío— rezaría por mí, y mi familia haría todo lo posible por salvarme. No tenía que desesperar, contra la sentencia de lapidación se podía apelar.

Sus palabras me aliviaron. Quizá me había precipitado huyendo o, peor aún, me había portado como una necia. No era cierto que estuviera sola, podía contar con mi familia, que me esperaba para cerrar filas y apoyarme.

Mi tío se despidió para la oración matutina y yo me quedé sola con Adama, que se había quedado dormida, una vez saciada el hambre. Yo me eché sobre la estera, más confiada y tranquila. Y así fui cogiendo el sueño. Cuando cerré los ojos sabía lo que haría al día siguiente. Volvería a casa, a Tungan Tudu, a mi poblado. Donde había empezado todo...

1

INFANCIA HAUSA

Safiya. Cuando pienso en lo que mi nombre significa, «tranquila, serena, pura», creo que Alá se lo hizo elegir a mi padre para que fuera una especie de talismán. Y, de hecho, hoy, cuando la tempestad que perturbó mi vida se ha aplacado, sé que sin tranquilidad, serenidad y pureza de espíritu no habría podido superar las durísimas pruebas que el destino me tenía reservadas.

Mi nombre completo es Safiya Hussaini Tungan Tudu, que, traducido, quiere decir: Safiya de la familia de Hussein de Tungan Tudu, mi poblado.

Tungan Tudu se encuentra en Sokoto, uno de los estados musulmanes del norte de Nigeria, en la frontera de Sahel.

Para mí no hay otro lugar en el mundo, pues allí nací y crecí y allí he vuelto después de haber pasado tantas penalidades. Es mi hogar, mi retiro, el único sitio donde soy feliz y capaz de concebir la vida.

En realidad, Tungan Tudu no es muy diferente de los demás poblados de la región: pequeños agrupamientos de viviendas cuadradas, hechas de barro y distribuidas más o menos del mismo modo: una parte destinada a las horas nocturnas, que unas veces consta de un único y gran espacio dividido por cortinas y otras de varios recintos más reducidos, pero siempre da al patio interior, donde durante el día se desarrolla toda la vida familiar, las comidas, las labores domésticas, las visitas, las conversaciones, los juegos. En general, como en mi casa, una pequeña parte del patio está destinada a huerto o jardín. En estos poblados la construcción que más destaca es la mezquita, pues es más grande que las otras, tiene una cúpula circular y se halla algo retirada del poblado. Además del sol, que pauta el curso del día, la sabana rige nuestra vida. Nos consideramos hijos de esa ilimitada extensión de color ocre rojizo, constelada de gigantescos *kuka* (baobab) y de matorrales dispersos. En la sabana apacentamos cabras, vacas y camellos, con su barro construimos nuestras casas y a sus terruños tratamos de sacarles un poco de verdura y algunas hortalizas para el consumo diario.

La mayor amenaza para la vida sencilla y armoniosa de nuestros poblados, sobre todo para la de los niños, son las hienas. En nuestra sabana abundan estos animales, pero rara vez podemos verlos. Aunque oírlos, sí los oímos: cuando cae la noche sus aullidos resuenan a lo lejos y conforme oscurece se oyen más insistentes y cercanos. Y si bien por la noche la gente se acoge a la protección de sus viviendas, las hienas no dejan de ser una amenaza. Algunas son tan audaces que se acercan a las casas y si sus moradores no se han dormido aún, pueden oír cómo se mueven furtivamente entre la basura acumulada a la puerta del patio. Los pastores tienen que asegurarse de haber guardado bien sus rebaños, operación que efectúan al oscurecer, cuando vuelven de los pastos. Reunir el ganado y encerrarlo en sus rediles es una faena delicada, que hay que realizar con el máximo cuidado, pues las hienas, si están hambrientas, pierden el miedo y son capaces de aproximarse muchísimo a los seres humanos. No es raro levantarse una mañana y ver a un pastor desesperado porque le falta una oveja o a algún vecino con una gallina menos. Por eso los habitantes de los poblados suelen reunir lo que les sobra de la comida o de descuartizar a los animales y lo dejan en algún lugar alejado del poblado, para que las hienas lo encuentren y sacien su hambre. Los aullidos de estas alimañas son impresionantes. A veces suenan tan insistentes y amenazadores que parecen desgarrar la noche e impiden dormir. Son como almas en pena que vagan por la sabana haciéndose eco de nuestras preocupaciones cotidianas. Por suerte el alba se encarga de disipar todos los temores. Con la luz del sol el poblado revive y las hienas regresan a sus guaridas. Por algo nos referimos a nosotros mismos como a la «gente de la sabana».

Ahora bien, para quien se interesa por los habitantes de África, nosotros somos hausa, un pueblo indígena de esta zona de Nigeria que se caracteriza por su alta estatura. Por nuestras venas circula también sangre de los fulani, nómadas criadores de ganado originarios del norte que bajaron hasta nuestras tierras en busca de nuevos pastos.

Desde tiempos inmemoriales mi gente cumple con los preceptos religiosos del islam. La fe religiosa es parte integrante de nuestra vida. La oración da inicio y fin a nuestra jornada y la obediencia a Alá dicta nuestros actos.

Los hausa consideramos que nuestras casas y poblados son un don de Dios. En ellos desea Alá que vivamos en armonía y respetando los preceptos del libro sagrado. Por eso mi pueblo concede una gran importancia al poblado. Cada uno de ellos, incluso los más pequeños, tienen su propia historia, aunque todos parezcan iguales. Nuestras casas dan la impresión de ser frágiles porque están hechas de tierra de la sabana, pero en realidad son sólidas y seguras como el granito de las montañas. Construirlas es una especie de rito, una ceremonia de agradecimiento a Alá. Todo el poblado toma parte en ella y en la mezquita se reza para que la nueva casa sea sólida y quien la habite goce de fortuna y prosperidad. Las paredes circulares se construyen con barro de tierra roja, y como se necesita una gran cantidad de agua, todos los chiquillos del poblado ayudan a traerla del pozo. Con el barro se rellena un armazón de maderos cruzados y atados con gruesas cuerdas de fibra vegetal. Ese armazón hace las paredes resistentes, aunque estén hechas de barro. El techo de la vivienda se forma con grandes hojas de plátano atadas entre sí, sobre las que se extienden haces de hierba que se secará al sol. Por último se construye el patio, una amplia superficie de tierra batida y limpia de piedras rodeada por una tapia cuya altura llega hasta el tórax de un hombre. Y en el patio se coloca en círculo, a modo de fogón donde cocinar, una serie de piedras que acabarán negras por el humo, y se erige una techumbre de ramas para protegerse del sol. Los animales domésticos, las gallinas, por ejemplo, corren a sus anchas por el patio.

Las paredes de todas las viviendas tienen la misma altura, por lo que el poblado entero, visto desde fuera, parece un solo bloque rodeado por una muralla. En realidad, nuestros poblados no necesitan protegerse ya que la gente de la sabana es pacífica, y todas y cada una de las casas está abierta y sus moradores son muy hospitalarios.

Mi infancia en el poblado fue muy feliz, nada la ensombreció. Cuando pienso en ella siento siempre una punzada de nostalgia, porque su recuerdo es particularmente vívido y emocionante. A veces incluso me parece que vuelvo a ser la pequeña Safiya disciplinada y obediente, pero también muy curiosa, que fui.

El pozo, que en los poblados es el centro de la vida de la comunidad, estaba delante de nuestra casa. A él acudían las mujeres en busca de agua diariamente y aprovechaban ese momento para compartir noticias, preocupaciones y chismorreos. De niña me gustaba merodear alrededor del pozo y escuchar lo que decían las mujeres. Si alguna de ellas se iba sin haber terminado de contar algo interesante, yo volvía al pozo al día siguiente y, fingía jugar mientras la esperaba durante horas si era necesario.

Mi familia estaba muy unida. Aparte de mí, que era la tercera, mi padre Mallam Hussaini y mi madre Maliya tuvieron otros cuatro hijos: mis dos hermanas mayores, Hadiza y Halimatu, mi hermanita Safaratu y el benjamín y único varón, mi hermano Mohammadu.

Mi padre fue un personaje relevante en Tungan Tudu. Era el barbero del poblado, y a mí, ya de pequeñita, me gustaba ver cómo trabajaba, instalado a la sombra del mango más majestuoso de los alrededores. En nuestra región la profesión de barbero es muy importante, pasa de una generación a otra y confiere al que la ejerce un aura de sabiduría. Bajo aquel mango, los clientes de mi padre le contaban todos sus problemas y conflictos familiares. Mi padre los escuchaba, meditaba sobre la cuestión y les daba consejo, inspirado en el sentido común pero también en los principios de la religión musulmana. Para él, que era alumno y maestro en la escuela islámica local, la fe formaba parte de la vida y a sus hijos nos educó siempre en este fervoroso espíritu religioso.

En los pueblos de nuestra región suele ser el barbero quien realiza la circuncisión, práctica tradicional y religiosa que todo el mundo acata. Mi padre era considerado un circuncisor muy hábil. De pequeña, cuando nadie se fijaba en mí, me escondía para ver cómo practicaba este ritual: acomodaba al pequeño en un hoyo excavado en el suelo y con una cuchilla afilada le cortaba el prepucio. El niño rompía a llorar y mi padre le acariciaba la cabecita hasta que sus padres lo cogían. Cuando el niño se había calmado, toda la familia mostraba su agradecimiento a mi padre y en ocasiones le ofrecían regalos.

Mi madre, Maliya, era una mujer taciturna y muy reservada. Con su carácter apacible sabía infundir una gran serenidad en los demás, y no recuerdo haberla visto nunca alzar la voz a nadie. Conseguía que los asuntos más espinosos y los peores momentos pareciesen fácilmente superables. Yo la adoraba, y su rostro, de rasgos enérgicos y a la vez delicados, me parecía precioso. ¡Cuántas veces no imitaría yo de niña su paso, un paso ligero pero nunca presuroso! A veces, fascinada, me quedaba observándola mientras desempeñaba las faenas del hogar o tejía esteras, actividad esta que para muchas mujeres de nuestra tierra constituye una fuente suplementaria de ingresos. Yo pensaba que mi madre tenía un gusto especial para elegir los colores y a mis ojos las esteras que ella elaboraba eran obras maestras irrepetibles. Aunque sabía hasta qué punto la quería y deseaba ganarme su amor, ella procuraba ser siempre imparcial para no agraviar a mis hermanas ni a mi hermano. Cuando veía que me ponía pesada me mandaba cuidar de mi hermanita más pequeña, Safaratu. Era su modo de darme a entender que en una familia numerosa como la nuestra todos teníamos los mismos derechos y nuestros respectivos cometidos. Por eso muchas veces tuve que llevar a cuestas a Safaratu, como en su día mi madre hizo sin duda conmigo.

Por entonces mis dos hermanas mayores, Hadiza y Halimatu, eran ya unas mujercitas, y como en la familia debían cumplir tareas y deberes de adulto, yo no solía jugar con ellas. A Safaratu y a mí nos consideraban las hermanitas díscolas, a las que tenían que vigilar para que no hiciéramos trastadas. Las dos se casaron cuando yo aún no había llegado a la adolescencia. Además de Safaratu, también tenía que ocuparme a menudo del más pequeño de los cinco, mi hermano Mohammadu. Mi madre me lo dejaba a mi cargo, tenía que entretenerlo, darle de comer y evitar que llorara o cogiera algún berrinche. Trataba de atenderlo como mi madre, me esforzaba por mostrarme dulce, lo mecía y arrullaba. Cuando, atado a mi espalda, conseguía que dejara de llorar, me sentía muy orgullosa de mí misma. Al crecer, Mohammadu se reveló como un muchacho muy travieso y peleón. En nuestra cultura los hijos varones gozan de la máxima libertad y no tienen deberes ni obligaciones de ningún tipo. Siempre he envidiado esa libertad de la que disfrutaba Mohammadu, sobre todo porque podía expresar su opinión sobre las cosas de la vida y los problemas cotidianos de la familia cuando quería, algo que a nosotras, las mujeres, no nos está permitido.

Ya desde pequeñito dio muestras de un temperamento impulsivo, voluble, iracundo y manejable, que en la edad adulta lo llevaría a desempeñar un papel tan dramático en mi vida.

Con todo, la figura clave de mi infancia fue mi abuela materna, Maria. Era una mujer de fuerte personalidad a quien todo el mundo consideraba muy sabia; de hecho, en la comunidad no se tomaba ninguna decisión sin consultar antes con ella.

Eso, claro está, ocurría de un modo no oficial, pues en nuestra sociedad la mujer tiene un papel secundario y siempre debe permanecer por debajo del varón. En nuestra casa, sin embargo, hacer cualquier cosa sin tener en cuenta la opinión de la abuela era algo inconcebible. Quizá por eso yo la admiraba tanto: para mí era un modelo, un ejemplo de afirmación que había que seguir. Ella, por su parte, tal vez porque yo era una chica inquieta y quería saberlo todo, también sentía predilección por mí. Cuando venía a vernos, siempre la acompañaba de vuelta a su casa y la ayudaba en las tareas domésticas para que ella pudiera dedicarse a la elaboración de alfombras y esteras, arte en el que todos le reconocían una gran pericia. Cruzar el poblado junto a la abuela me colmaba de orgullo: trataba de caminar a su paso y cuando me hablaba yo miraba de reojo a mi alrededor para estar segura de que todos vieran que se dirigía a mí como a un adulto. Y al llegar a su casa, procuraba realizar las labores domésticas lo mejor que podía y lo antes posible para ganarme su aprobación. Al terminar, en lugar de volverme directamente a casa, a menudo me pasaba por la escuela islámica, donde enseñaba uno de los hijos de la abuela. Ella misma me aconsejaba que lo hiciera, aunque yo fuera todavía demasiado pequeña para entender las lecciones. Y esto también me enorgullecía sobremanera, pues demostraba que la abuela me consideraba más madura de lo que correspondía a mi edad.

La muerte de mi abuela fue la primera experiencia dolorosa de mi vida. Yo era aún una niña y lo pasé muy mal. Me parecía imposible que aquella mujer maravillosa hubiera dejado de existir. Sentía rabia contra Dios y me preguntaba cómo había podido permitir algo así. Fue mi padre quien me ayudó a superarlo. Dotado de gran sensibilidad, había percibido mi sufrimiento. Un día me llamó a su lado y me explicó con calma que la muerte es un hecho ineluctable, un tránsito que nos lleva hasta Dios. Mientras hablaba me acariciaba la cabeza, lo recuerdo bien. ¡Qué suave y tierno era el contacto de sus manos! Recuerdo también su voz tranquila y todas y cada una de las palabras de aquella conversación, que no olvidaré jamás. Entonces no podía saberlo, pero era la primera demostración que mi padre me daba de su amor incondicional, un amor que nunca me ha abandonado, ni siquiera cuando todo parecía perdido.

2

POR FIN A LA ESCUELA

Mi sueño era ir a la escuela. Tenía la impresión de que representaba un progreso, un salto en la vida, quizá la prueba de que también yo era valiosa. Esta sensación era ya muy intensa de pequeña, cuando mi abuela me animaba a asistir a las clases de la escuela islámica: mi orgullo crecía por la gran consideración que la abuela me mostraba, pero también me sentía triste porque aquella asistencia ocasional no significaba ir de verdad a la escuela, quiero decir, todos los días. Me quedaba siempre algo apartada, observando a los niños que, situados alrededor del *mallam*, el maestro, escribían sobre tablillas versículos del Corán, bajo la copa de un gran árbol. Hacer aquello era como un acto simbólico que ponía de manifiesto su voluntad de convertirse en buenos fieles. Yo los escuchaba recitar aquellos versículos y luego prorrumpir en gritos de alegría, cuando la clase había terminado y se iban corriendo con las tablillas sujetas contra el pecho. A mí me tocaba volver a casa sola y en silencio, preguntándome cuándo podría ser como ellos.

Mi padre, que también era maestro en la escuela islámica, me propuso un día enseñarme con el Corán los primeros rudimentos de la lectura y la escritura. Eso fue para mí otro adelanto y un motivo añadido de orgullo, pues significaba que mi padre me consideraba capacitada para ello, pero tampoco era la escuela tal y como yo deseaba. ¿Cuándo me llegaría el momento?

Ese momento me sobrevino a los siete años. Una mañana, nada más levantarme, mi madre me dijo que me diera prisa porque mi padre quería hablarme. Mi primera reacción fue de temor. ¿Iba mi padre a regañarme por haber hecho algo malo el día anterior? Sin embargo, por más vueltas que le di, no recordé haberle dado motivos para hacerlo, aunque eso tampoco me tranquilizó. Cuando me presenté en el cuarto donde mi padre rezaba y estudiaba, un reducido recinto separado de la casa que, al igual que esta también daba al patio, estaba nerviosa.

Mi padre me esperaba sentado en su estera blanca y verde, con el busto erguido y las piernas cruzadas y cubiertas por una prenda, postura que a mí siempre me sorprendía, pues me parecía imposible que alguien pudiera mantenerla mucho tiempo en una inmovilidad absoluta. Había terminado de rezar y también de leer el Corán —como hacía todos los días—, pues había dejado el libro aparte, aún abierto. Con un ademán me invitó a sentarme, me miró y sonrió.

Solo entonces respiré aliviada. Si sonreía era que no pensaba reñirme. Y a continuación me dijo lo siguiente:

—Safiya, tienes ya siete años y es hora de que empieces a conocer el islam, que nos da paz y felicidad y nos ayuda a vivir en este mundo. —Al principio pensé que se refería a que debía sacar más provecho de nuestros encuentros cotidianos, pero cuando continuó supe que no era eso—. No es bueno que solo yo te enseñe, es necesario que aprendas a estudiar con disciplina y aplicación. Y también tienes que aprender a convivir con otros niños de tu edad. Las clases que yo te he dado han sido un privilegio que Alá ha querido otorgarte. De ahora en adelante tendrás que desenvolverte sola y todo dependerá de tus propias capacidades. Dentro de unos días empezarás a ir a la escuela islámica. Tu maestro será *mallam* Shehu.

La noticia me dejó sin habla. ¡Por fin! ¡También yo iba a poder alardear por el poblado de poseer una tablilla de madera con inscripciones del libro sagrado! ¡También yo sería como aquellos niños merecedores de ser adultos y de conocer la verdad religiosa! Sí, también yo, también...

La alegría debió de transfigurarme, pues mi padre se apresuró a advertirme:

—Pero ojo, Safiya... No creas que estudiar con método es

fácil. Cuesta mucho y para hacer progresos hay que tener una gran voluntad. —Con la voz empañada por la emoción, afirmé que voluntad no me faltaba. Por toda respuesta mi padre me dio dinero—. Ahora ve y cómprate una fusta. Llévatela a la escuela el primer día que vayas —dijo. Y al ver la cara de sorpresa que yo ponía, añadió—: Ya sabrás por qué. —Y me despidió.

Radiante, salí a la calle. En el pozo debían de estar aún las últimas mujeres que habían ido por agua. ¡Quería proclamar a gritos aquella buena noticia para que se hicieran eco de ella y todos lo supieran! Y empecé a imaginarme a mis nuevos compañeros; me vi sentada bajo aquel árbol que me había parecido inalcanzable, leyendo, escribiendo y, por qué no, oyendo al *mallam* elogiarme en un tono imparcial delante de mis compañeros por mi aplicación en el estudio e incluso —llevada por la euforia— pedirme que ayudara a los más rezagados.

Al volver del pozo busqué a mi madre para anunciarle la buena nueva, pero al ver cómo reaccionaba comprendí que ya debía de saberlo todo: me sonrió y se mostró contenta por mí, pero ni siquiera aquel día dejó de moderar mi entusiasmo, pidiéndome que cuidara de Mohammadu. Lo hice, pero no dejé de temblar de emoción. ¡Si viniera la abuela...! ¡Qué orgullosa me habría sentido aquel día de cruzar el poblado con ella y de oír cómo decía a sus conocidos que su nieta iría a la escuela! Llegué incluso a rezarle a Alá para que la enviara de visita, pero mi abuela no vino y yo, decepcionada, tuve que pasarme todo el día cuidando de Mohammadu, quien para colmo estuvo más revoltoso de lo normal. Ir detrás de él, estar pendiente de que no se hiciera daño, darle de comer, calmarlo, tenerlo vigilado... ¡se acabó el soñar con la escuela!

Luz, trinos. Era de día. Y, sí, el día que tanto había anhelado, ¡mi primer día de escuela!

Me desperté y al ver que aún era muy temprano seguí tumbada en la estera, con los ojos abiertos como platos y temblando de ansia y emoción. Al poco oí en el patio unos ruidos apagados y el cacareo de las gallinas, que escarbaban la tierra y movían las alas. Como siempre, mi madre estaba ya en pie y, con cuidado de no despertarnos, se ocupaba en las primeras faenas del hogar. Sin poder aguantar más, me levanté y fui con ella. Esperaba que me saludara de un modo especial, que hiciera algo, cualquier cosa que demostrara lo importante que era aquel día, pero ella se limitó a decirme:

—Ve por agua al pozo, Safiya. Yo mientras te preparo el vestido nuevo y el velo para tu primer día de escuela.

Aquella actitud expeditiva me desconcertó y, llena de coraje, fui por los cueros del agua. ¿Sería posible? ¿Tener que ir al pozo? ¿También en un día tan señalado como aquel quería mi madre que hiciera las tareas de siempre? ¿No habría sido más justo dejar que me preparase tranquilamente para el gran día? Solo al cabo de los años entendí lo que significaba aquella actitud de mi madre. Era un mensaje tácito pero claro: el hecho de ir a la escuela no me dispensaba de las obligaciones que una mujer tiene en nuestra sociedad. La escuela no era sino otro trabajo, mi vida se volvía así más plena y yo tenía que saberlo desde el primer momento.

En el pozo había ya unas cuantas mujeres haciendo cola. Habían desatado de la espalda a sus hijos, que jugueteaban en el suelo. Los primeros rayos del sol envolvían el poblado en una cálida tonalidad ocre y las siluetas de las mujeres que esperaban en el pozo se recortaban como dibujadas en el cielo azul, un azul claro y uniforme salpicado de leves nubecillas blancas. Como siempre, las mujeres charlaban animadamente, pero aquel día yo no tenía ganas de escucharlas: estaba demasiado ensimismada pensando en la escuela. De pronto me di cuenta de que una de ellas se dirigía a mí. Era Fatima, una vecina nuestra que visitaba a menudo a mi madre. Me estaba diciendo lo que me habría gustado oír en boca de todo el mundo: «Safiya, desde hoy eres mayor. ¡Ánimo!». Pero yo, tan emocionada estaba, que no sé ni cómo pude mirarla y asentir con la cabeza.

Allí estaba, haciendo cola con las demás mujeres, y consumida por la impaciencia. ¿Por qué no pasaba pronto el tiempo y me tocaba a mí llenar los odres de agua? ¡Tenía que ir a la escuela! En casa, mi madre tendría ya preparado el vestido, y me moría de ganas de verlo y ponérmelo... Mientras esperaba, pensé en lo que tendría que llevar a la escuela de *mallam* Shehu. Disponía de todo lo necesario, todo estaba listo... ¡No! El corazón me dio un vuelco. ¡La fusta! Me había olvidado de la fusta... ¿Cómo era posible? Mi padre me había dado dinero para comprarla y me había recomendado encarecidamente que el primer día la llevara a la escuela, y yo lo había olvidado por completo. ¡No, no podía empezar la escuela tan mal, faltando ya al primer compromiso que había contraído! Ganas me dieron de olvidarme del agua y volver a casa a pedirle ayuda a mi madre, pero lo pensé mejor: ir a la escuela sin la fusta podía costarme a mí un disgusto, pero si me presentaba en casa sin el agua el disgusto se lo llevaría toda mi familia, y sería aún mayor. Así que seguí esperando mi turno, cada vez más impaciente. Estaba más muerta que viva, el tiempo pasaba y seguro que llegaría tarde a la escuela y sin la fusta, no, no podía ser... Por fin me tocó a mí. Llené los odres y regresé lo más rápidamente posible a casa. Sin aliento me asomé al cuarto de mi padre: seguía sumido en la lectura del Corán.

Mi madre estaba preparando harina de mijo y leche para el desayuno. Le expliqué angustiada mi problema: no quería que mi padre se enterase de mi imperdonable omisión. También aquella vez consiguió mi madre calmarme, dando ejemplo de serenidad.

—Aún tienes tiempo de ir al mercado y comprar la fusta —me dijo con toda tranquilidad—. Tu vestido está listo y tu padre aún estará un rato rezando. Vamos, corre, y si hoy no puedes desayunar, no pasa nada.

Salí precipitadamente de casa y corrí a toda prisa al *kassowya*, el mercado, donde compré una pequeña fusta de piel de vaca, tras lo cual, siempre a la carrera, regresé a casa. Mi madre estaba esperándome y mi padre salía de su cuarto justo en ese momento. Casi sin aliento, lo saludé y le dije que estaba lista y que solo tenía que ponerme el vestido. Él, taciturno como siempre cuando acababa de orar, se limitó a cabecear en señal de aprobación. Yo seguí a mi madre, emocionadísima. El vestido que me había preparado consistía en una sola prenda, blanca y estampada de flores. Enseguida vi que la tela era de mejor calidad que el resto de la que tenía. El tejido y los motivos del velo eran idénticos a los del vestido. Mi madre me enseñó cómo debía ponerse: para una niña de mi edad, me explicó, bastaba con echárselo por mitad de la cabeza y que cayera a ambos lados de modo que tapara la parte del cuello que el vestido no cubría. Y había que lucirlo con naturalidad, añadió, pero recordando siempre para qué estaba hecho. Fue un momento muy íntimo y especial. La suavidad con la que mi madre me hablaba, el tema de la conversación, tan femenino, sus gestos al arreglarme el velo, todo contribuía a reafirmar la impresión de que me estaba iniciando en los secretos de la mujer, que ese ritual daría paso a una nueva etapa en la que podría demostrar mi valor. Me sentía una persona mayor. Una persona adulta...

Estaba lista. Mi madre me llevó junto a mi padre, que me esperaba de pie, preparado para salir. Al verlo pensé que era como una parte del cielo, contra el cual se recortaba su alta figura que, cubierta con un *bubu* celeste, parecía fundirse con él. Lo único que contrastaba era su pelo moreno y la barba, más larga en la barbilla, como es característico en los fieles islámicos o *musuhrutni*. Me quedé unos momentos contemplándolo embelesada, como si estuviera viendo a un personaje que, aunque conocido y familiar, fuera inalcanzable.

Mi padre no dijo una sola palabra. Se limitó a mirarme intensa y gravemente. Era un momento importante, y los dos lo sabíamos.

Le di la fusta, me puse a su lado y echamos a andar. Él caminaba a paso ligero y acompasado, bien erguido. Yo lo seguía un paso por detrás de él, como la tradición obliga a una mujer que acompaña a un hombre en público.

Más de la mitad de mis compañeros de escuela estaban ya instalados al pie del árbol, con las tablillas en sus manos, y guardaban un perfecto silencio. *Mallam* Shehu esperaba en pie al resto de los niños y niñas que aún no habían llegado. Mi padre se acercó a él y lo saludó; yo me quedé discretamente a cierta distancia. Hablaron un rato y luego mi padre se volvió hacia mí y me invitó a ir junto a ellos. Yo obedecí y permanecí a su lado con la cabeza gacha en señal de respeto, pero también porque me sentía algo intimidada.

—Esta es mi hija Safiya —le dijo mi padre a Shehu—. Hoy está entusiasmada porque empieza la escuela, pero su tierna edad no le permite comprender todavía que ser un buen fiel implica mucho esfuerzo y sacrificio. Si no se porta bien ni estudia —añadió—, haz que se aplique con esto. —Y al decirlo le entregó la fusta. Cuando me mandó comprarla no me dijo para qué servía, pero sí que ya me enteraría por mí misma. Ajá...

Cuando mi padre se fue, Shehu me invitó a sentarme con los demás niños. Aunque llevaba varios días preguntándome cómo serían mis nuevos compañeros, hasta ese momento la emoción me había impedido fijarme en ellos. Fue una grata sorpresa ver allí a Safiya, una niña que se llamaba como yo, que me caía muy bien y con la que había jugado a menudo en el pozo. Me senté, pues, a su lado, y sin dirigirnos más que una mirada nos quedamos esperando diligentemente, como todos los demás alumnos. Poco a poco fueron llegando todos, hasta que la clase estuvo completa. El *mallam* se situó entonces ante nosotros, cerca del árbol, en cuyo tronco había colgada una pizarra rudimentaria en la que se veían aún algunos trazos de la lección del día anterior.

El maestro contaba unos sesenta años, se le tenía en gran estima tanto en nuestro poblado como en los vecinos y se decía que era muy exigente. Hablaba con una voz muy característica, en un tono bajo y cordial. Los niños lo escuchábamos con religioso respeto. Lo primero que hizo fue darnos una serie de consejos sobre cómo aprovechar al máximo las clases y luego nos explicó el uso de las tablillas, tras entregarnos un pequeño recipiente de piel lleno de tinta, que era una mezcla de carbón y goma arábiga en la que debíamos mojar el palillo afilado con el que escribíamos. Cuando me dieron mi tablilla me puse muy contenta. Por fin tenía una para mí y podría pasearme orgullosa con ella por el poblado. Con el paso de los días Safiya se convirtió en mi mejor amiga. Estudiábamos y jugábamos juntas y, cuando podíamos, también hacíamos juntas las tareas de casa que nos ponían. Volvíamos a encontrarnos en el pozo como cuando éramos pequeñas, solo que entonces yo llevaba atado a mi espalda a Mohammadu y ella a su hermana pequeña.

A veces nos juntábamos con otras dos niñas, Rabi y Audi, aunque con ellas nunca nos unieron los fuertes lazos de amistad que había entre Safiya y yo. Siempre he pensado que por algo llevábamos el mismo nombre. También ella era muy aplicada en la escuela, y no nos faltaron ocasiones para presumir de ser dos alumnas de las que el *mallam* podía sentirse orgulloso.

Íbamos a la escuela, bajo el árbol, dos veces al día. Por la mañana temprano, cuando el sol no calentaba todavía demasiado y podíamos concentrarnos mejor en la lección, el *mallam* nos enseñaba los conceptos y principios del libro sagrado: nos los explicaba de manera clara y precisa y nos mandaba que los transcribiéramos en la tablilla. Al atardecer, en cambio, poco antes de que oscureciera, comprobaba si nos habíamos aprendido de memoria aquellos principios y éramos capaces de recitar los correspondientes versículos del Corán.

Cuando —como ocurría a menudo— la clase se prolongaba hasta que se hacía de noche, el *mallam* encendía una gran hoguera y hacía que nos sentáramos a su alrededor. Nunca olvidaré el encanto de aquellos momentos, que llevo grabado en el alma: el aroma de la leña seca ardiendo, el calor del fuego, los rostros de mis compañeros iluminados por las llamas crepitantes, la oscuridad que nos rodeaba, los gritos de los animales de la sabana, los agudos aullidos de las hienas, cuyo número aumentaba conforme avanzaba la noche y que, para gran temor de los pastores, se acercaban cada vez más al poblado en busca de alguna cabra que, aislada del rebaño, pudieran apresar y devorar. Sonidos de un mundo lejano y paralelo que, sin embargo, era tan inmenso que contenía al nuestro. Y en aquella penumbra sonaba también, más cercana, la voz profunda del *mallam*, con una entonación de elogio o de reproche dirigido a alguno de nosotros.

Yo era feliz entonces, realmente feliz, y me sentía llena de esperanzas. La escuela me daba fuerzas, me estimulaba a crecer y mejorar. Estaba convencida de que aquellos días gozosos no podían conducirme sino a una vida feliz. No sabía que mi infancia estaba a punto de acabarse y aquella felicidad tenía los días contados. La Safiya niña iba a dar paso a la Safiya mujer. Y lo que en la región de Sokoto significaba ser mujer lo aprendería, ay, muy pronto. Y con gran dolor.

3

¡NO QUIERO CASARME!

La realidad del matrimonio irrumpió en mi vida a los trece años, cuando aún no había tenido la primera menstruación. Hasta entonces nunca me había imaginado casada ni tan siquiera había pensado en un marido. Sabía, claro, que era algo inevitable en la vida y que si una mujer a cierta edad no se había casado podía causar grandes disgustos a su familia, pero yo veía todo eso muy lejos: de acuerdo que tarde o temprano me tocaría a mí, y también yo tendría marido e hijos, pero sería algún día, en un futuro remoto. Mi presente lo formaba ante todo la escuela islámica, que me apasionaba y en la que obtenía excelentes resultados; luego venían las largas horas que pasaba ayudando a mi madre en casa o atendiendo a Safaratu y Mohammadu; y estaba también Safiya, que se había convertido en mi mejor amiga y con la que me gustaba charlar; y había además el pozo, al que iba a jugar, y los sueños y las ilusiones, a los que me entregaba estando sola o con Safiya; sueños e ilusiones sobre lo que éramos y lo que seríamos. Sí, quizá en esos momentos también pensaba en el matrimonio, cuando me imaginaba de mayor, de esposa y madre y a cargo de mi propio hogar, como todas las demás mujeres del poblado.

Nunca habría imaginado que aquella realidad estaba tan a la vuelta de la esquina. Y un día me topé con ella de frente.

Era por la mañana. Yo estaba en casa ayudando a mi madre y pendiente, al mismo tiempo, con cierto temor, de Mohammadu quien amenazaba con salirse a gatas del jardín. En un momento dado me volví y vi que mi madre me miraba de un modo raro, con una expresión de ternura inusual. Sorprendida, le correspondí con una sonrisa y ella volvió la cabeza. Yo seguí con mi tarea, pero de vez en cuando la miraba: sí, no habían sido imaginaciones mías, ella no cesaba de observarme como si me viera por primera vez. Y de rato en rato lanzaba también una mirada hacia el patio y el cuarto de mi padre, donde este, como todas las mañanas, estaba en plena oración.

¿Qué pasaba? No se lo pregunté, sabía que no me lo diría. Pero todo era muy extraño...

—¡Safiya, ven! —Mi padre me llamaba. Era algo tan insólito que me dirigí hacia el cuarto en el que oraba con paso vacilante. Sí, quería verme—. Tengo que hablarte, entra. —Obedecí. Mi padre, que estaba ya sentado sobre la estera en la postura en que solía hacerlo, me hizo señas de que me acercara. Así lo hice y esperé. Me acordé de la mañana en la que me había anunciado que asistiría a la escuela islámica. ¿Qué sería aquello tan importante que tenía que decirme? Seguí con la mirada baja y en silencio, como corresponde a una hija respetuosa, y entonces su mano se posó en mi cabeza. ¡Mi padre estaba acariciándome! Sorprendida, levanté la vista y traté de descubrir en su rostro algún atisbo de lo que quería decirme, pero su expresión era, como siempre, impenetrable. Quizá un poco más dulce. Me sonrió y volvió a acariciarme la cabeza y la cara.

—Eres una buena chica, Safiya —dijo por fin—. Algún día Alá te someterá a las grandes pruebas de la vida. Espero haberte educado para que puedas hacerles frente.

Me quedé mirándolo, convencida de que no había terminado, pero el tiempo pasaba y él seguía sin decir nada. Perpleja, salí del cuarto. ¿Qué significaban aquellas palabras? ¿Habría hecho algo raro sin darme cuenta? Mi madre estaba esperándome de pie y me miraba con la misma expresión de ternura. Y sonriéndome. ¡Increíble! ¡Y pensar que me había pasado la vida casi mendigando una mirada o una sonrisa suya —que para no ser injusta con mis hermanos siempre me había negado—, y resulta que ahora, sin yo pedírselo...! Aquella sonrisa me llenaba de alegría. Estaba felicísima, pero no dejaba de preguntarme a qué se debía todo aquello tan insólito. ¿Por qué mis padres empezaban de pronto a tratarme como a alguien muy especial?

Pasé todo el día en ese estado de ánimo, contenta e inquieta. Luego llegó la noche, el momento en el que toda la familia se reunía, y el regocijo y las dudas desaparecieron. Mi padre tuvo la culpa, cuando al terminar de cenar, de pronto, me miró y me dijo:

—Safiya, pronto te casarás. Eres lo bastante mayor para hacerlo. El tío Ibrahim conoce a un hombre que te quiere y yo considero que es el marido que te conviene. Será un buen matrimonio.

Tenía que haber oído mal... Era la voz reposada de siempre, la misma que yo amaba porque sabía calmarme y reconfortarme. Esa voz no podía pronunciar palabras tan espantosas... Aunque no eran palabras, sino cuchillas que me desgarraban el corazón. Me llevé la mano al pecho, como para protegerme. No, no podía haber dicho aquello... Pero sí. Mi madre tenía la cabeza gacha y fingía estar pendiente de Safaratu, que jugaba en un rincón, pero supe que en realidad estaba escuchando. Y no decía nada, no movía un dedo... Era lo que hacía siempre, cuando mi padre nos comunicaba sus decisiones: callar y aceptarlas. Eso era lo normal, para ella, para mí, para todas las mujeres de mi tierra... ¡Pero aquel día no! ¡Aquel día debía decir que no estaba de acuerdo! ¡Mi madre no podía desear aquello para mí! ¡Era horrible! Esperé, pero mi madre no abrió la boca. Quien sí lo hizo fue mi padre, que continuó diciendo:

—Tu futuro marido se llama Yussuf, es pariente del tío Ibrahim y, por tanto, aunque lejano, también es pariente nuestro. Podrá aportar una buena dote, es trabajador y con él vivirás desahogada. Tenemos que estar agradecidos a Alá por habernos dado esta oportunidad a nuestra familia y a ti.

Paralizada por el horror, de pronto me di cuenta de que todo mi mundo se derrumbaba. Nada quedaría de mi vida actual, todo cambiaría. Y todo sería peor...

Tendría que abandonar a mi familia, mi hogar y también mi querida escuela islámica para entregarme en cuerpo y alma a un desconocido, servirlo y obedecerlo en todo lo que quisiera... ¿Quién era aquel odioso Yussuf, que venía a arruinarme la vida?

«¡No! ¡Me niego!», deseaba gritar con todas mis fuerzas. Mi desacuerdo pugnaba por salir de mis labios, pero sabía que no podía expresarlo. Si querían que me casara era porque me consideraban ya una mujer, y a ninguna hija le estaba permitido oponerse a la voluntad de su padre.

Allí seguí, pues, angustiada y con la cabeza gacha. «Sal de casa, padre, vete, que quiero hablar con mamá y pedirle ayuda...», suplicaba en mi interior. «Ajá, se va, y no es capaz de decirme una sola palabra de ánimo después de darme una noticia así...»

En cuanto nos quedamos solas me volví hacia mi madre y, con rabia y el rostro bañado en lágrimas me rebelé.

—No quiero casarme, mamá. No quiero. No estoy preparada, quiero quedarme con vosotros. Mi amiga Safiya no se casa, ¿por qué tengo que hacerlo yo? ¿Por qué?

Tienes razón, esperaba que me dijera entonces mi madre. No es justo. Y después hablaría con mi padre para convencerlo de romper el compromiso...

Ya se acercaba a mí... Y yo rebosaba de esperanza: sí, ella me salvaría, estaba segura... Mi madre me abrazó y me acarició la cabeza, pero no despegó los labios. Su abrazo mudo era la respuesta que yo no quería oír: no había nada que hacer. Mi matrimonio estaba decidido y se celebraría aunque yo no quisiera. Me habían vendido a un hombre al que no conocía.

Para pedirme en matrimonio Yussuf debía de haberme visto, pero yo no sabía nada de él. Pasé los días y las noches preguntándome cómo sería, bueno o cruel, etc. No tardaría en venir a casa para tratar con todo detalle la cuestión del contrato nupcial. ¿Y si me escapara antes? «Imposible, Safiya, no te hagas vanas ilusiones...», me decía a mí misma llorando. Sufría más que nunca.

Y un día Yussuf apareció. Vino una mañana. Yo no sabía por qué, pero mi madre había preparado, de manera excepcional, una gran cantidad de harina de mijo, carne de cabra y leche para cocinar uno de los mejores platos de nuestra cocina, el *fura de nuno.* Cuando me dijo que teníamos un invitado y que este era Yussuf lo entendí todo.

—Ve y sírvele, Safiya —me ordenó mi madre dándome una bandeja.

Y me dirigí al cuarto de mi padre, donde los dos hombres estaban hablando.

Yussuf era un hombre de unos cincuenta años, con el pelo gris y una barbita del mismo color que le bordeaba la cara. Llevaba un *bubu* azul celeste con cenefas y bordados dorados. No me prestó la menor atención cuando se sirvió de la bandeja que yo le ofrecía, luego me despidió. Me trató como a una sierva, aunque eso era lo normal: a un musulmán varón le está prohibido observar a una mujer... aunque sea su futura esposa. Salí del cuarto consternada. Era viejo, feo, no me gustaba y no quería casarme con él... Tenía que escapar, irme lejos antes de que fuera demasiado tarde... Miré hacia el patio, la casa, la calle, el poblado, la sabana infinita... Pensé en aquella tierra roja y en aquel sol que agrietaba la piel y achicharraba, sol que mataba, sed, fieras hambrientas y al acecho... Y me puse a temblar, no era más que una niña sin ningún sitio adonde ir... No podía huir, y por tanto...

Tuve una idea y corrí al patio para observar a Yussuf desde fuera. Quizá si me fijaba bien, no me parecería tan viejo y feo... Ya que debía casarme con él, mejor sería encontrarle algo bueno... Entonces no lo comprendí, pero aquello fue el primer paso hacia la resignación.

Transcurrieron los días. Yo ya no era la misma. Había dejado de rebelarme ante la idea de casarme con Yussuf. Todas las noches tenía pesadillas y durante el día no paraba de llorar a escondidas. Pero lo que ahora me aterrorizaba no era ya una sombra imprecisa, ahora el miedo tenía una cara y un nombre, una barba gris y un *bubu* azul celeste. Era Yussuf. Seguía pareciéndome demasiado viejo y no me gustaba, aunque eso no impediría que fuera mi marido. Sí, yo ya no era la misma. Había aceptado mi destino, pero seguía sufriendo, más de lo que nunca había sufrido.

La fecha fijada para la boda llegó muy pronto. Era viernes, día de fiesta y oración para los musulmanes. De buena mañana, tíos, tías y parientes acudieron al patio de nuestra casa para verme. Mi madre no me vistió aquel día con las prendas de colores chillones que son típicas de nuestra región, sino que me puso un vestido gris y me colocó un amplio velo blanco cosido alrededor del rostro, tal como manda la tradición musulmana. Aquel atuendo significaba que yo le prometía tácitamente a Yussuf entregarle mi cuerpo solo a él, para siempre y únicamente en la intimidad del hogar, a fin de no atraer la atención de otros hombres.

Cuando salí al patio las mujeres se me acercaron y me saludaron dándome tres besos en la cara, como es habitual, mientras que los hombres me dieron la enhorabuena.

El cortejo nupcial se formó siguiendo la tradición: mi padre y yo en cabeza, detrás los parientes en grupo. A continuación nos encaminamos a paso lento hacia la mezquita, en la que estaban esperándonos Yussuf y su familia y el imam que había de unirnos ante Dios. Por el camino los habitantes del poblado dejaban lo que estaban haciendo y nos saludaban. Sentía sobre mí las miradas de todo el mundo y caminaba junto a mi padre con la cabeza gacha y más triste que nunca. Los recuerdos me abrumaban: ¡cuántas veces no habría recorrido aquellas mismas calles polvorientas, riendo y jugando en compañía de Safiya! ¡Qué feliz era entonces! De pronto vi a mi amiga. Su imagen se quedó grabada en mi mente como uno de los recuerdos más desgarradores de aquel día:

estaba sola, justo en el lugar donde más nos gustaba hablar, al pie de una acacia de copa baja y particularmente frondosa, y desde allí me saludó con la mano. Aquel gesto me hizo sentir todo el alcance del paso que estaba a punto de dar: era el adiós a la adolescencia, a mi felicidad. En silencio empecé a llorar: lloraba por mí y por lo que me esperaba, pero también por mi amiga, pues sabía que también ella lloraría por mí y nuestra definitiva separación.

A la puerta de la mezquita vi por primera vez a mi futura familia, un grupo compacto de personas entre las que destacaba Yussuf, que, vestido con una holgada prenda verde, me pareció particularmente alto e imponente.

Tras el encuentro de las dos familias, mujeres y hombres se separaron, según manda la costumbre; las mujeres se reunieron aparte para conocerse y los hombres se apiñaron alrededor de mi padre y del de Yussuf, que era muy anciano.

Mi futuro suegro me saludó por primera vez con una inclinación de cabeza y acto seguido fui acompañada al grupo de las mujeres, quienes se deshicieron en parabienes y consejos, a cual más obsequiosa. Yo, sin embargo, me sentía demasiado abrumada para reaccionar; sudaba, el corazón me latía enloquecido y lo único que deseaba era que todo terminara cuanto antes. En ese momento el imam apareció en la puerta de la mezquita y nos pidió a Yussuf, a mí y a nuestros respectivos padres que lo siguiéramos al interior. Una vez dentro, se acomodó en un sitial situado junto a la pared del fondo y al lado de un bonito atril de madera tallada. Dejando aparte las alfombras que cubrían el suelo y considerando que no había adornos de ningún tipo, aquel atril era el único detalle que diferenciaba el interior de la mezquita del de cualquier vivienda. Cuando estuvimos sentados frente a él, el imam cogió el libro sagrado del atril y nos leyó algunos versículos del Profeta. Yo estaba tan confundida e impresionada que no entendía ni una palabra. Lo único que percibía claramente era la voz del imam, que rompía el silencio religioso de la mezquita.

Yussuf, que se hallaba a mi lado, parecía muy tranquilo, pero estaba más pendiente de su anciano padre que de mí, su propia esposa. Darme cuenta de esto me produjo una terrible sensación de soledad: mi marido no me hacía ningún caso y tampoco de mi padre podía esperar más atención, pues aunque estaba sentado a mi lado en realidad se hallaba muy lejos de allí, sumido en el recogimiento que siempre lo embargaba cuando oraba o entraba en un lugar de oración. Y de nuevo rompí a llorar. Al acabar de leer el Corán, el imam pronunció la *fathia*, la oración que ponía fin a la ceremonia nupcial, y nos despidió. Todo se había desarrollado en unos cuantos minutos. Ya era la mujer de Yussuf.

Fuera nos esperaban unos parientes exultantes y tuve que soportar nuevamente la afectuosa acometida de las mujeres, que querían besarme y abrazarme. Aturdida y anonadada, miraba a un sitio y a otro buscando entre la gente el único rostro que deseaba ver. Como si lo hubiera presentido, mi madre se abrió paso hacia mí entre las demás mujeres y extendiendo los brazos me estrechó contra su pecho. Fue un abrazo dulcísimo, prolongado, como el que tantas veces me había consolado en el pasado, cuando era pequeña. Ojalá no hubiera terminado nunca. Cuando nos miramos a la cara vi que también a ella se le habían saltado las lágrimas y estaba a punto de prorrumpir en llanto. Y de pronto deseé que lo hiciera; compartir con ella mi dolor me habría sido de gran consuelo. Pero mi madre no era persona que diera rienda suelta a las emociones así como así: sin decir una palabra se liberó de mi abrazo y se alejó. Y de nuevo sentí lo sola que estaba.

4

MI NUEVA FAMILIA

En la tradición musulmana, tras las nupcias se celebra una gran fiesta. Según lo acordado, Yussuf la había preparado en su casa. Todo había sido organizado con gran boato y se había invitado a algunos personajes importantes del poblado, pues por la suntuosidad del convite juzga la familia de la esposa el grado de bienestar que el marido está en condiciones de brindarle.

Hombres y mujeres se instalaron a la sombra de los árboles en dos grupos separados, según la costumbre musulmana, y en un rincón aparte, tal como prescribe el libro sagrado, Yussuf había dispuesto lo necesario para atender a los pobres del poblado. Se sirvieron los platos más selectos de nuestra tradición: osobuco y *suya* —pinchos de carne de ternera—, carne de *caza* (pollo), cordero o cabra estofada, acompañados siempre de salsas hechas con verduras, como el *mia kwuka*

—jugo de hojas de baobab— y de cazuelas rebosantes de varios tipos de *tuwo* o *fufu* —gachas—: el *waina miankeshi* —gachas de *masara* (maíz)—, el *tuwo shinkafa* —gachas de arroz—, el *tuwo doya* —gachas de ñame— y gachas de mijo. Completaban el banquete el *kosei*, dulce hecho con harina de alubia frita y servido con *tuwo doya* también frito, el *kulikuli*, una especie de torta de harina de cacahuete que se deshace fácilmente, más otros platos a base de *dankeri* (patata), *rogwo* (mandioca) o ñame, y la tradicional bebida de mijo fermentado, el *burukutu*.

La fiesta duró todo el día. A mi alrededor todos comían, bebían, masticaban *taba* (hoja de tabaco), bromeaban y comentaban admirados la gran ostentación de riqueza que hacía Yussuf. Yo, en cambio, apenas podía probar bocado de lo ofuscada que estaba. Me sentía perdida, ausente, ajena a aquel lugar desconocido e incapaz de reaccionar. De vez en cuando Yussuf me dirigía una mirada o una leve sonrisa, pero mi timidez me impedía siquiera responderle con una inclinación de cabeza. En medio de la angustia y el estupor, la nostalgia del pasado y el temor al futuro, sentía también cierto orgullo por ser el centro de una celebración tan fastuosa. Todo aquello se hacía en mi honor. No era ya la pequeña Safiya, sino la Safiya esposa, la mujer: una mujer importante, considerada y deseada, una mujer que había sido finalmente admitida en el mundo de los adultos. Pero ¿y yo? ¿Estaba dispuesta a aceptar aquel mundo? No lo sabía. Me pasé llorando toda la fiesta de mi boda, mientras buscaba en vano una respuesta en mi interior.

Al atardecer mis padres me llevaron de nuevo a casa, pues según la tradición la esposa no debe irse a vivir con su marido hasta pasado cierto tiempo. Fue una tregua de serenidad —la última antes de empezar mi nueva vida— que pasé entre rostros y objetos familiares, y de la que me propuse disfrutar intensamente pese a la amargura de saber que se acercaba el momento de la separación definitiva.

Al cabo de dos semanas mi padre recibió la visita de unos amigos de Yussuf, encargados de llevarme a su poblado. Mi madre me vistió para la ocasión en otro cuarto y cuando terminó me dio un abrazo y me dijo: «Ve con tu padre, está esperándote».

Mi padre me esperaba a la puerta de casa junto con los enviados de Yussuf, que montaban tres cabalgaduras lujosamente enjaezadas, otra muestra más de la riqueza de mi esposo. Me ayudaron a montar y al punto los tres caballos salieron al trote. Yo saludé por última vez a mis padres y a mi hogar. Acompañada de los gritos alborotados de los niños y de la mirada de admiración de los adultos, otra vez crucé las calles del poblado en dirección a la casa de Yussuf. Ahora sí empezaba de verdad mi vida matrimonial. Acababa de cumplir trece años y no me había venido aún la regla.

El trayecto a caballo, la admiración de la gente ante el suntuoso séquito, los niños que corrían tras de nosotros, los llamativos colores de los adornos de caballos y jinetes... Como el banquete de mi boda, todo aquello se desplegaba en mi honor, en honor de la pequeña Safiya, la niña que hasta hacía poco se ocupaba en casa de las labores propias de su sexo, cargaba a cuestas a su hermanito Mohammadu, vestía desharrapadamente y podía corretear por el poblado sin tener que taparse la cabeza. Sí, me había vuelto toda una mujer y como tal me hacían los honores. Y yo, halagada, acepté plenamente mi nueva condición como si se tratara de un juego infantil.

Pero era verdad, bien lo sabía. Y sabía también que no tardaríamos en llegar a casa de Yussuf. Esta idea ensombreció mi emoción, y por más que trataba de expulsarla de mi mente volvía una y otra vez, se abría paso en mí, oscurecía cualquier imagen positiva y me zahería con nuevas dudas y temores. ¿Qué esperaba Yussuf de mí? ¿Sería yo capaz de satisfacer sus deseos? Estaba casi segura de que me prohibiría tener amigas y salir a pasear por la sabana, donde podía dejar correr mi imaginación. Pero lo que más me inquietaba era otra cosa: el sexo. Mi madre no me había explicado nada, lo único que sabía era que una buena esposa debe someterse al marido en todo, ser dócil y resignarse. Siendo la esposa de Yussuf, tendría que dormir con él, luego —pensaba en mi ingenuidad— tendría hijos. Creía que solo por dormir con un hombre una mujer se quedaba embarazada. De pronto me di cuenta de que eso sucedería aquella misma noche: los pelos se me erizaron y miré hacia delante, deseando que el camino continuara hasta el infinito. Pero, ay, en el horizonte ya se vislumbraba la casa de Yussuf. Quise pensar que también era la mía, y esa idea no me provocó más que repulsa.

Yussuf me esperaba en la puerta, sonriendo y seguro de sí mismo, como siempre. Me invitó a entrar en su casa y me la enseñó; luego retiró una cortina y me mostró el lugar donde dormiríamos esa noche: era una cama de madera con colchón. En mi casa nunca habíamos podido permitírnoslo.

Al ver aquella cama me entró una gran angustia. Aunque Yussuf se mostraba amable y tranquilizador y yo no podía reprocharle nada, la verdad es que lo veía como a un enemigo peligroso, un desconocido que quería imponerme una vida que yo rechazaba con todas mis fuerzas. Sin embargo, sabía también que mi oposición no lograría evitarme aquel destino.

Yussuf debió de notar mi turbación, pues en cierto momento se fue sin decirme adónde iba ni cuándo volvería. Al verme sola en la casa, me puse a observarlo y a tocarlo todo para familiarizarme con el mobiliario y los objetos y acostumbrarme a mi nueva vida de esposa. Pero fue inútil, aquellas paredes me oprimían, me sentía fuera de lugar. Me volvían las ganas de escapar, de esconderme, de correr a llorar a casa de mis padres. ¿Podía hacerlo? No, mis padres no lo aprobarían y me conducirían de nuevo hasta Yussuf. Una vez más me sentí sola y desamparada. Nadie me comprendería si escapaba, me decía a mí misma, ni siquiera Safiya.

Pensar en Safiya significaba sufrir, recordar los mejores momentos de un pasado que había dejado atrás. ¿Dónde estaría mi amiga? ¿Me echaría de menos? ¡Ojalá pudiera estar con ella, charlando a la sombra de nuestro árbol o repasando la lección en la escuela islámica...!

Solo deseaba llorar; la tristeza y la aversión por mi nuevo estado se apoderaban de todo mi ser. Sin embargo, debía sobreponerme, no había otra opción.

Recobrados los ánimos, retiré la cortina y me tumbé en la cama donde dormiría con Yussuf. Lo imaginé a mi lado y de nuevo sentí deseos, esta vez violentísimos, casi irresistibles, de escapar lo más lejos posible, aunque no me sentía con fuerzas para hacer nada. Quise calmarme y me dije que, si me resignaba, sufriría menos y con el tiempo todo se arreglaría, pero en mi fuero interno sabía que no era así. «Nunca se arreglará, nunca...» Y me eché a llorar, inconsolable. Como en una pesadilla, volví a imaginarme a Yussuf, cuyas manos tocaban mi cuerpo, me acariciaban, me... no sabía siquiera lo que podían hacerme. Puesto que ignoraba por completo lo que era el sexo, me lo imaginaba como algo lleno de riesgos, cuando no peligroso. De pronto me di cuenta de que solo recordaba el aspecto imponente de Yussuf, pero no me había fijado en sus manos. ¿Cómo serían? ¿Qué me harían? Y entre sollozos seguí allí tumbada, resistiendo la tentación de irme antes de que él llegara. «No puedes irte, Safiya...», parecía susurrarme una voz en mi interior. Pero otra voz contestaba: «¿Por qué no?».

Las horas pasaron lentas. Atardeció. Con una punzada de añoranza pensé que aquel era mi momento preferido del día y que en adelante ya no sería como en casa, cuando dejaba lo que estaba haciendo para contemplar el ocaso. Permanecí tumbada, sumida en la penumbra. Y de pronto salté de la cama, alarmada. Pero ¿qué me pasaba? Yussuf estaría al llegar y esperaría encontrar la cena lista... ¿Cómo había podido olvidárseme? ¡Era una de las obligaciones que tenía como esposa! Me sentí profundamente avergonzada de mí misma, como si aquel despiste deshonrara a mi madre y todo lo que me había enseñado. ¡Pues sí que empezaba yo bien mi vida conyugal! Sin embargo, no conseguí ponerme en marcha.

Seguí tumbada, indiferente y como muerta. Si tenía que resignarme, me resignaría a todo, para bien y para mal. Que Yussuf hiciera conmigo lo que quisiera, me daba igual.

Ahí llegaba. Oí sus pisadas en el patio, oí que saludaba al vecino y acto seguido entraba y se paseaba por la casa, a unos pasos de mí. El corazón se me encogió: estaba prisionera y la puerta de la jaula iba a cerrarse. Pero entonces el instinto de supervivencia y la negativa rebelde a aceptar aquella odiosa situación vencieron mi apatía y, bañada en lágrimas, con un ímpetu rabioso, me levanté de la cama... justo cuando Yussuf alzaba la cortina. Él pareció sorprenderse y, divertido, quiso cogerme. Quizá había entendido mal y pensaba que yo quería retozar para provocarlo, o quizá creía llegado el momento de hacer valer sus derechos como marido. Todo pasó en un abrir y cerrar de ojos. Al sentir que sus manos aferraban mi brazo el miedo multiplicó mis fuerzas y, aterrada, logré soltarme, enfilar la puerta y huir.

Fuera estaba oscuro, no se veía nada. Me sentí perdida y me paré a pensar. ¿Adónde podía ir? ¿A quién podría pedirle ayuda, comprensión y consuelo? No a mis padres, que no hubieran tardado en devolverme a Yussuf; además, tampoco los veía capaces de comprender mis sentimientos y esto sí que no podría soportarlo.

Oí a mis espaldas unos pasos que, en la penumbra, se acercaban a mí desde la casa. Era Yussuf... me seguía, quería atraparme. Cual animal acosado pensé en una escapatoria y, guiada por una extraña intuición, eché a correr hacia la casa de sus padres. Hoy me pregunto si no lo haría porque en mi fuero interno esperaba que todo saliera bien, que yendo allí el abandono de mi marido no parecería tan definitivo y yo ganaría tiempo. En ese momento, sin embargo, solo pensé en la madre de Yussuf: en la boda, entre la miríada de arrugas que surcaban su rostro, yo había entrevisto un par de ojos que me parecieron de una persona buena y justa, capaz, si fuera necesario, de oponerse a las rígidas reglas que imponían nuestra religión y las costumbres. Intuía que ella me ayudaría.

Corrí todo lo deprisa que pude, mientras oía resonar los pasos de Yussuf detrás de mí. Sus padres no vivían lejos, de modo que podía conseguirlo. Ya cerca de la casa, Yussuf debió de comprender adónde me dirigía y dejó de seguirme.

Me abrió la madre. Llegué cuando ella y su marido iban a acostarse. La sorpresa que se dibujó en su rostro enseguida dio paso a una repentina comprensión. Pensé si no lo sabría ya todo, aunque fue seguramente su sensibilidad femenina la que le hizo comprender mi situación. Me hizo señas de que guardara silencio y me abrazó.

—Tranquila, estás a salvo. Yussuf no vendrá aquí. Espera...

Me dejó sola. Oí cómo hablaba en voz baja con su marido al otro lado de una cortina, en un tono de quien explica algo, y luego volvió con alimentos y me invitó a comerlos. Por último extendió una estera en el suelo y me dijo:

—Aquí podrás dormir todo el tiempo que quieras. Volverás con Yussuf solamente cuando tú lo desees. Es un buen chico, pero como todos los hombres es incapaz de comprender lo que una mujer necesita. No le tengas miedo, verás que es buen marido y no te hará la vida difícil. Tendrás todo el tiempo del mundo para cerciorarte de que no quiere hacerte daño.

Aquellas palabras me produjeron un gran alivio. Libre de temores, en cuanto me quedé sola me acosté y dormí toda la noche profunda y apaciblemente: atrás quedaba un día lleno de emociones.

La madre de Yussuf me despertó al amanecer. Para tranquilizarme, me dijo que habían mandado a un chiquillo con un mensaje para mi marido, en el que le informaba de que me encontraba allí y que no debía venir en mi busca hasta que le permitieran hacerlo.

El anciano padre de Yussuf estaba ya levantado y solo dirigió una mirada cuando pasó por mi lado al salir de la casa para sentarse delante de la puerta.

—No tengas miedo —me repitió su mujer, a la que yo consideraba mi salvadora—. Está al corriente de todo y ha decidido que hablará con Yussuf. Tú puedes quedarte aquí hasta que te veas con ánimos de afrontar tus deberes conyugales.

Para corresponder a aquella generosidad lo menos que podía hacer era colaborar en las labores domésticas. Mientras ordenaba el rincón en el que había dormido, oí a mis suegros hablar delante de la puerta de la casa. El padre de Yussuf confirmó su intención de hablar con su hijo aquella misma mañana: le diría que yo era poco más que una niña y, debido a mi edad, tenía que ser astuto y dejar que yo me entregara a él por mi propia voluntad, sin forzarme ni asustarme, y esperar el tiempo que hiciera falta. Como nuestra tradición obliga a los hijos a seguir los consejos del padre, me quedé más tranquila. Ahora podía estar segura de que las manos de Yussuf solamente me tocarían cuando yo quisiera. En estas condiciones, la vida matrimonial podía ser aceptable. Esa tarde anuncié a la madre de Yussuf que me sentía preparada para volver con mi marido, lo que hice a la mañana siguiente, acompañada por su padre. Yussuf me recibió con una sonrisa, yo lo miré un instante e inmediatamente bajé la mirada, como toda mujer fiel y modosa debe hacer ante su marido. Acto seguido tomé posesión de la casa y poco después me puse a preparar la comida, poniendo lo mejor de mi parte.

Durante un año nuestra vida conyugal se desarrolló sin contratiempos. Yussuf y yo lo compartíamos todo, a excepción de la cama por las noches. Aunque no le gustara, se adaptó con paciencia a esta situación, recordando lo que su padre le había aconsejado.

5

MUJER Y MADRE

En plena observancia de la tradición islámica, Yussuf se mostraba amable conmigo, obsequioso y solícito cuando estábamos a solas e indiferente si nos hallábamos en público, mientras que yo debía estar atenta a sus exigencias y a su bienestar. A mí eso no me parecía mal, les ocurría a todas las mujeres. Con el paso del tiempo, mi vida de casada resultó ser muy parecida a la que había llevado con mi familia, e incluso me permitía gozar de mayor libertad: a pesar de mis pesimistas previsiones, era libre de salir, juntarme con mujeres casadas que conocían a la familia de mi marido y pararme a hablar con ellas siempre que quisiera. Yussuf se ausentaba con frecuencia y eso me permitía ocuparme de la casa libremente, sin que su presencia me coartara. Contrariamente a lo que ocurría en casa de mis padres, ahora los adultos se mostraban conmigo mejor dispuestos y más tolerantes, y eso me gustaba. La experiencia desgarradora que había supuesto pasar de la adolescencia a la vida adulta se había atenuado.

Lo único que me atormentaba era la idea de intimar con Yussuf. Me sentía incapaz de superar el miedo que me paralizaba todas las noches cuando tímidamente intentaba acercarse a mí. Yo sabía que tarde o temprano debía ceder y que muy pronto aquellos intentos dejarían de ser discretos y afables. Llevábamos casados un año: mucho tiempo, para un hombre que puede esgrimir derechos sobre su esposa. Mi propio cuerpo me ayudó a transigir. Una mañana me desperté con una sensación de humedad entre las piernas. Era sangre... mi primera menstruación. Nadie me había explicado lo que ocurriría. Todo lo que sabía provenía de algunas charlas que de niña había mantenido con chicas de mi edad y con amigas mayores; conversaciones peregrinas, confusas y contradictorias que solo arrojaban una certidumbre: aquello significaba que las niñas se convertían en mujeres. Pasado el desconcierto y el miedo iniciales, realmente no sentí dolor, intuí que a partir de ese momento Yussuf podría obtener de mí lo que llevaba casi un año esperando.

Aquella noche no rechacé a Yussuf. Mi primera experiencia sexual fue decepcionante y a la vez liberadora. Me dolió, pero no me quejé. Sentí a Yussuf jadear encima de mí sin compartir su placer, quizá porque me habían mutilado el clítoris, según la costumbre de nuestro pueblo. Cuando terminó, Yussuf se dejó caer a mi lado y se durmió. Yo, en cambio, pasé toda la noche en vela, temiendo que hubiera quedado decepcionado y no hubiese gozado lo suficiente. Me sentí terriblemente culpable y me volví a mirarlo... Pese a todo no podía menos de estarle agradecida, después de haber esperado tanto... Oyendo su respiración regular, decidí que en el futuro me aplicaría para procurarle mayor placer. Aquella noche empecé a sentir afecto por mi marido; un afecto que gradualmente se convirtió en amor.

La vida matrimonial era repetitiva, pero en absoluto cansada. Cocinaba para Yussuf, tenía la casa limpia y en orden, y a veces cuidaba de los hijos de mis vecinas. Yussuf me lo permitía todo: en el mercado podía gastar cuanto quisiera e incluso comprarme ropa y objetos del hogar. Muy a menudo me venía a la memoria lo que me había dicho mi padre, cuando me anunció su intención de darme en matrimonio: «Yussuf será un buen marido, puede ofrecerte una vida sin privaciones». Ahora estaba segura de que mis padres se interesaban por mi vida de casada y me deseaban todo lo mejor. Seguramente tampoco había sido fácil para ellos tener que prescindir tan pronto de mi presencia. Al principio yo, creyéndome abandonada por ellos, los había odiado, pero ahora sentía un profundo afecto. Yussuf me dejaba libertad para ir a verlos cuando quisiera, y yo lo hacía con frecuencia. Visitar mi casa era para mí un motivo de gran alegría, aunque ahora, siempre que iba, me imaginaba dando a luz por primera vez. Y es que, según nuestra tradición, el primogénito debe venir al mundo en la casa de la madre de la esposa. Pensar en pasar una larga temporada en el hogar donde había vivido y verme rodeada de las atenciones de mi madre me llenaba de alegría. Volvería a disfrutar de los placeres de la infancia y al despertarme por las mañanas oiría voces y sonidos familiares... ¿Cuándo sería eso? ¿Por qué no me quedaba embarazada?

Poco a poco empecé a preocuparme. Cada vez que menstruaba, Yussuf se llevaba un disgusto. Él quería un hijo, yo lo sabía, como también era evidente lo preocupado que estaba porque no se lo hubiera dado todavía. Para colmo, en nuestra región el trabajo empezaba a escasear y Yussuf, como muchos otros hombres, había decidido irse al sur, pero como no quería hacerlo sin haberme dejado encinta, mi embarazo se convirtió en una necesidad apremiante. Mi esterilidad era la única sombra de nuestro matrimonio, una sombra abrumadora. En mi interior se libraba un combate: sentía, por un lado, el deseo de contentar a Yussuf y, por otro, el miedo al embarazo y al parto. Temía que en cuanto me quedara embarazada dejaría de disfrutar de aquella nueva libertad. Como me había ocurrido con el matrimonio, ahora me parecía que tener un hijo interferiría negativamente en mi vida cotidiana. Perdería mi autonomía y no podría seguir disfrutando de aquella preciosa libertad que alegraba mis días. Si por mí hubiera sido, no habría tenido ningún hijo.

En cambio, Yussuf estaba impaciente: un día me dijo que me llevaría al *magani*, el curandero del poblado, para que me administrara algún medicamento que me volviera fértil. Yo ya había visto a Sani —así se llamaba el *magani*—, una vez que había ido con Yussuf al otro extremo del poblado, y me pareció un hombre sabio y poderoso.

Sani nos esperaba en el patio de su casa, sentado en un taburete de madera. Al vernos se puso en pie y saludó a Yussuf. A mí no me dirigió más que una mirada fugaz. Yo, como toda mujer que se encuentra delante de un hombre, mantuve la vista baja y no le expliqué la razón de nuestra presencia allí. Aunque la persona directamente interesada era yo, correspondía a mi marido informarle de lo que me pasaba, si bien no fue necesario: Sani parecía saberlo ya. Nos dijo que mi problema era frecuente entre las mujeres de la región y que no costaría mucho resolverlo. Tenía un remedio absolutamente eficaz, aunque no podía garantizar que fuera a quedarme embarazada de inmediato.

Esto último me dio esperanzas de poder postergar todo lo posible mi embarazo: siempre podría tomar de forma incorrecta y distinta de la indicada las pociones que Sani me diera.

Además, el hecho de estar allí como si me pasara algo malo me resultaba insoportable. No me sentía enferma y estaba convencida de que me quedaría embarazada sin necesidad de tomar las pócimas de ningún curandero. Lo que había que hacer era, creía yo, darle tiempo a mi cuerpo para que se preparara, y evidentemente aún no lo estaba.

Ahora bien, ni el curandero ni mi marido pensaban lo mismo, desgraciadamente, y querían apresurar el proceso. Sani le dio a Yussuf unos polvos marrones envueltos en unas hojas y le dijo que debía tomármelos durante varios días seguidos por la mañana, disueltos en leche. Como medida suplementaria para estimular mi fertilidad le entregó también un talismán —parecía una uña de gallina enrollada en un hilo de colores—, que debíamos poner debajo de la cama cada vez que hiciéramos el amor. Sonrió: estaba seguro, añadió, de que Yussuf no tardaría en volver para darle las gracias por mi embarazo.

Ahí terminó la conversación. Sani se puso en pie y nos acompañó a la valla del patio. Antes de despedirnos le indicó a Yussuf que quería hablarle a solas. Mi marido me hizo señas de que me alejara un poco y yo, desde la distancia, pude ver que el único que hablaba era Sani y que mi marido se limitaba a asentir. El diálogo acabó al poco rato.

En casa, en el curso de los días siguientes, me di cuenta de que mi propósito de invalidar el remedio de Sani era irrealizable: Yussuf se aseguraba todas las mañanas de que me tomara la pócima y todas las noches de que el amuleto estuviera en su lugar.

Así, mal que me pesara, el remedio de Sani funcionó... o puede que mi cuerpo ya estuviera preparado, y ocurrió lo que Yussuf deseaba.

Tenía dieciséis años cuando tuve mi primera falta. Eso no significaba que estuviera embarazada, pensé. Y esperé. Pero a los pocos días empecé a sentirme mal, me notaba hinchada, me daban náuseas, mareos... Cuando se lo dije a Yussuf, me llevó de nuevo al *magani*, quien, orgulloso, lo confirmó: estaba encinta. Yussuf se puso exultante; yo, en cambio, me eché a llorar. Mi marido interpretó mis lágrimas como la expresión de mi felicidad y yo dejé que lo creyera, aunque no era así. Lloraba de miedo y de pesar. No quería aquel hijo, no me sentía preparada. Mi estado de ánimo no mejoró en los meses siguientes. En nuestra tierra la llegada del primogénito es todo un acontecimiento. Mientras mi vientre crecía todo el mundo me cubría de atenciones: Yussuf me dispensó de las tareas pesadas y las mujeres se desvivían por ayudarme en las faenas de la casa. Sin embargo, pese a la ayuda y el apoyo de las familias y de toda la comunidad, yo no sentía ninguna ilusión por ser madre. Para mí aquel hijo significaba una amenaza para mi tranquilidad. Y me angustiaban las dudas: ¿sería yo una buena madre? ¿Sería capaz de cuidar de mi hijo sin dejar de servir a Yussuf como él tenía derecho a esperar? Carecer de instinto materno me parecía algo tan grave que delante de la gente fingía una felicidad que no sentía. Por suerte todos pensaban que mis frecuentes llantinas se debían a una mezcla de felicidad y temor, sentimientos propios de las jóvenes madres.

Cuando faltaban pocos días para dar a luz me trasladé a casa de mis padres, que se mostraron muy felices de acogerme. Mi padre lo manifestó con pocas y ponderadas palabras, como hacía siempre, y mi madre con su habitual ternura. Pero mi estado de ánimo distaba mucho de la alegría, por más que hubiera deseado aquel momento. Daría a luz en cuestión de días y el vientre se me antojaba un bulto cargante que me estorbaba para realizar cualquier movimiento, por leve que fuera. Me sentía tan deprimida que no sabía si desear parir cuanto antes o lo más tarde posible.

Y el momento llegó, no tuvo en cuenta mis miedos e inseguridades. Cuando empezaron los dolores me tumbé en el suelo sobre una gran hoja de plátano, como es costumbre, y mi madre y las ancianas del poblado me rodearon de cuidados. Nadie me había preparado para el inevitable sufrimiento físico de aquellos momentos y, después de llevar nueve meses rechazando íntimamente al niño, los viví como una tortura insoportable. Pensaba que iba a morirme, estaba aterrada... ¿Por qué no cesaba aquel dolor? Y cuando cesó... ya nada fue lo mismo. Para que mi corazón se abriera me bastó con mirar a la niña, apenas vino al mundo. La sostenía mi madre, orgullosa.

—Mírala, Safiya... ¡y qué guapa es!

Sí, era preciosa, y era mía... Era mi hija... El amor que sentía por ella y la felicidad hicieron desaparecer cualquier otro sentimiento; las lágrimas de dolor pasaron a ser lágrimas de gozo, un gozo incontenible, mil veces mayor que el sufrimiento y los temores de aquellos meses. Con gestos amorosos las mujeres se ocuparon de la pequeña y de mí, y luego nos dejaron solas en la penumbra. No lograba apartar la mirada de mi hija, embargada por una inmensa ternura. Me moría de ganas de mostrársela a Yussuf, decirle: «¡Aquí está el fruto de nuestro amor!», y ver cómo la felicidad se dibujaba por fin en su rostro. Sin embargo, según manda nuestra tradición, el padre no puede ver a su hijo hasta pasados siete días del parto. Cumplido el plazo, el padre se presenta en casa de la suegra y pone nombre al recién nacido.

Esperé aquel momento con gran nerviosismo y la mañana del octavo día temblaba de emoción. Mi madre me aseó y me vistió con mis mejores galas y se ocupó luego de la niña, que lloraba más de lo normal y parecía muy excitada, como si fuera consciente de la importancia del momento. Me puse a darle el pecho y me sorprendí de pronto hablándole como a una persona mayor: estábamos esperando a papá, le expliqué, para que la viera, en lo que, de hecho, era su primera aparición en público.

Estuve en vilo hasta que por fin Yussuf se presentó. Al verlo me eché a llorar de alegría y emoción, sobre todo al advertir que también él tenía los ojos llorosos. Como hombre, sin embargo, no podía dejar traslucir ninguna debilidad mientras mi madre estuviera presente, y así, tieso, esperó junto a mí hasta que esta se fue. Solo entonces, una vez solos, pudo inclinarse sobre nuestra hija y mostrarse tierno con las dos. Estuvo largo rato acariciando a la pequeña sin dejar de sonreír. De pronto me miró y dijo: «Inno, la llamaremos Inno». Con gran sorpresa por mi parte, noté que lo dijo en un tono interrogativo, como si pidiera mi aprobación, algo que no estaba obligado a hacer. Yo asentí en silencio y él me besó, luego, juntos, comunicamos a la familia el nombre de nuestra primogénita.

Según la tradición, tras la visita del padre y la elección del nombre, la madre y el recién nacido permanecen en la casa de los padres de ella cuarenta días más, período durante el cual deben darse a diario un baño en agua caliente. A nosotras nos lo preparaba mi madre con ayuda de las vecinas. Viéndolas trajinar a mi alrededor me sentía conmovida y profundamente agradecida, pues sabía hasta qué punto aquel baño suponía más trabajo: había que traer del pozo el doble de agua de la que se sacaba a diario y, sobre todo, había que calentarla.

En general, recuerdo aquellos cuarenta días como la época más feliz de mi vida. Me encantaba verme rodeada del amor de todos y las visitas diarias de Yussuf aumentaban mi felicidad. Amaba a mi marido y me sentía orgullosa de haberle dado a Inno, aquella preciosa niña. Por las noches, cuando me acostaba después de haber dormido a mi hija, me decía que ni aun en mis sueños más esperanzadores me había imaginado tanta felicidad.

Pasados los cuarenta días, Yussuf vino a buscarme. Para cumplir todos los rituales que la tradición impone faltaba un mes, durante el cual debíamos visitar a parientes y amigos para enseñarles nuestra hija. Todos los días, pues, con Inno en brazos y un paso por detrás de Yussuf, iba a la casa de alguien. Me sentía muy orgullosa: había traído al mundo a una niña que era realmente una preciosidad y había hecho feliz a mi marido. Sí, había cumplido con todo lo que se exige de una mujer y del mejor de los modos. Recorriendo las calles del poblado pensaba en mi infancia y en lo orgullosa que me sentía entonces de caminar junto a mi abuela y ver que me hablaba como a una persona mayor; recordaba haber deseado que todos me trataran así y sonreía: el sueño de aquella niña se había hecho realidad. Ahora era una persona adulta. Yo, Safiya, era una mujer realizada, respetada, admirada. Caminaba al sol con la frente bien alta y por primera vez miraba al futuro con plena confianza. Sin embargo, muy pronto sería despojada de aquella felicidad.

6

¡ALÁ, ANTES LLÉVAME A MÍ!

Tras el nacimiento de Inno, Yussuf se fue a trabajar al sur de Nigeria con uno de sus hermanos, como tenía previsto. Regresaba a casa cada cierto tiempo y en tres de esas ocasiones me quedé embarazada. Así, pocos años después era madre de cuatro niños: Inno, Kulu, Asiya y —el único hombrecito— Zayyanu. Con cuatro hijos no me quedaba tiempo para nada. Dedicaba todas mis energías a educarlos para que crecieran como buenos musulmanes y pudieran realizarse plenamente en la vida.

Todo era perfecto. Como fiel y devota sierva de Alá, mi condición me parecía lo más natural. Tampoco pasaba apuros económicos. Yussuf me enviaba con regularidad el dinero necesario para sacar adelante la familia. Ganaba bastante y me constaba que periódicamente también enviaba dinero a dos de sus hermanos y a una hermana.

Yo vivía entregada a nuestros hijos y esperando que volviera a casa. Cada vez que regresaba me sentía dichosa y por su expresión sabía que también él sentía lo mismo. ¿Qué más podían desear un hombre y una mujer sino estar juntos, rodeados de unos hijos que crecían sanos y hermosos, y a salvo de los peligros de la vida?

Los pocos días que Yussuf pasaba en casa yo me desvivía por hacerlo feliz: le cocinaba lo mejor que encontraba en el mercado, lo colmaba de atenciones y evitaba hablarle de problemas para que pudiera descansar y disfrutar de la familia y los hijos.

Todo cuanto podía turbar nuestra intimidad, por ejemplo, las visitas de sus conocidos de Sokoto, me resultaba molesto. Aun así, confiaba en que alguno de esos visitantes, o cualquier otro, ofreciera a mi marido un trabajo estable en nuestro poblado, para poder verlo todos los días. Sin embargo, la oferta no llegaba y al cabo de unos días Yussuf se iba de nuevo, dejándome sola y descorazonada.

Por suerte, aquella tristeza no duraba mucho, pues con cuatro hijos no queda demasiado tiempo para pensar. Me consolaba además saber que no era la única que vivía aquellas dolorosas separaciones. La región de Sokoto es muy pobre y no hay muchas ofertas de trabajo, pues su economía es primordialmente agrícola, por lo que es frecuente que los hombres emigren a los estados del sur, que son más ricos. En el poblado mi condición de esposa con el marido ausente era compartida por muchas otras mujeres: nos visitábamos unas a otras a menudo y nos ayudábamos mutuamente con los hijos y la casa.

En realidad, mi vida no era tan dura. Yo lo sabía y disfrutaba de ella todo lo que podía, orgullosa de mis cuatro hijos, que se criaban sin problemas, educados y saludables. Hasta que, de pronto, toda esa tranquilidad se desvaneció.

Un día, en una de sus visitas periódicas, Yussuf llegó a casa en un estado de enorme tensión. A las pocas horas comprendí que algo no iba bien: tenía una expresión sombría y taciturna, estaba irritable con los niños... Algo debía de preocuparlo mucho, pero como a las mujeres musulmanas no nos está permitido pedir explicaciones a nuestros maridos, intenté animarlo, esperando que fuera él quien me contara lo que le pasaba.

Sin embargo, los días pasaban y su humor no parecía mejorar. Con el alma en vilo, hacía lo imposible por arrancarle una sonrisa, pero era inútil. Finalmente se confió a mí:

—Safiya, en adelante tendrás que apañártelas con la mitad del dinero que he estado mandándote hasta ahora. Ya no puedo enviarte tanto, el trabajo no va tan bien como antes. Yo vendré menos a casa, porque el viaje sale caro. Mi hermano vuelve a Sokoto el mes que viene, él te traerá el dinero. No puedo hacer más.

Aunque la noticia me pareció menos dramática de lo que temía, aquella perspectiva no dejaba de ser preocupante. Tendría que salir adelante con la mitad del dinero con el que había contado hasta ese momento, y debía durarme más, ya que Yussuf estaría mucho tiempo sin volver... La situación me inquietó, pero nuestra tradición y el papel que debe desempeñar una fiel esposa musulmana no permiten discutir con el marido ni poner en duda sus decisiones.

No tenía más remedio que reorganizar por completo el funcionamiento de la casa y, sobre todo, tratar de que los niños sintieran lo mínimo posible las estrecheces. En parte me consoló pensar lo afortunada que había sido hasta entonces: muchas de las mujeres que tenían lejos a sus maridos pasaban situaciones apuradas desde hacía tiempo. Yo había tenido suerte, porque con Yussuf no me había faltado nunca de nada. Pues bien —decidí—, le demostraría que pese a las dificultades era capaz de salir adelante.

Pero no era nada fácil. Mis hijos, demasiado bien acostumbrados, se quejaban porque por primera vez no había bastante comida o los obligaba a llevar la misma ropa durante más tiempo. Además no paraban de pedirme golosinas y juguetes que ya no podía comprarles. Berrinches, lloros y morros se hicieron habituales, y la vida en casa se volvió imposible. La ayuda que las mujeres nos prestábamos resultó valiosísima, gracias a Dios, y de vez en cuando podía conseguir leche, harina de mijo y carne con las que alimentaba a mis hijos, mientras esperaba que el hermano de Yussuf llegara con el dinero.

La situación era humillante y a veces me desesperaba. ¿Qué pasaría si aquella situación duraba mucho tiempo? ¿Cómo se las habían arreglado las mujeres menos afortunadas que yo para salir adelante durante años en aquellas circunstancias? Todos los días rezaba a Alá para que nos ayudase y me consolaba ver que toda la familia hacía lo mismo. Dios acabaría atendiendo nuestros ruegos, no me cabía duda. La calma y la prosperidad volverían a nuestro hogar. Pero no fue así.

Zayyanu, el benjamín y único varón de la familia, era al año y medio un niño revoltoso; él solo armaba más revuelo que sus tres hermanitas juntas. Por la mañana era el primero en despertarse y enseguida se ponía a corretear de un lado a otro, con lo que me obligaba a levantarme antes de hora para vigilarlo, y por las noches no había manera de que se durmiera.

Pero una mañana vi que, estando ya despierto, seguía acurrucado en su estera. Al principio no hice mucho caso, pero cuando lo até a mi espalda para ir al mercado supe que algo le pasaba: gimoteaba y en lugar de patalear como solía hacer dejó que lo acomodara en la tela sin oponer la menor resistencia. Zayyanu no era un niño caprichoso, si estaba así era porque algo tenía. Pero ya se sabe que a los niños suele darles infinidad de arrechuchos, así que me lo llevé igualmente al mercado. Sin embargo, al volver a casa y acostarlo de nuevo en su estera, advertí una serie de pústulas en los brazos y la cara. Lo primero que pensé fue que, en algún momento en que ni yo ni sus hermanas lo controlábamos, se había comido alguna hierba o baya venenosa de las que abundan en la sabana.

Mientras hacía la comida decidí que si a lo largo del día no mejoraba lo llevaría al *magani* del poblado, aquel Sani que algunos años atrás con sus pociones había contribuido a que me quedara embarazada. Cuando fui a darle de comer, Zayyanu rechazó la comida. Ardía. Debía de tener mucha fiebre.

Preocupadísima, lo cargué de nuevo a mi espalda y lo llevé a casa de Sani para que lo viera. El curandero aumentó mi inquietud: la enfermedad del pequeño era grave, me dijo, tenía que beber mucho líquido, a la fuerza si era necesario, y me dio algunos preparados de plantas febrífugas que debía disolver en agua. Por último me aconsejó que le dejara dormir cuanto quisiera y le diera alimentos ligeros y fruta.

De regreso a casa de pronto me sentí desamparada, sin recursos de ningún tipo, ni físicos, ni mentales, ni económicos.

La enfermedad de Zayyanu suponía el último golpe cruel del destino. Precisamente él, mi ángel, el benjamín de la familia, el único varón que le había dado a Yussuf, ahora estaba muriéndose... ¡Y su padre no sabía nada! ¡Si estuviera en casa! ¡Me consolaría tanto su presencia!

Y además, pensé, estaban las dificultades económicas. La enfermedad de Zayyanu podía ser larga y quizá harían falta muchas medicinas, ¿cómo iba a pagarlas? A esas alturas apenas me quedaba dinero. Llegué a pensar en pedir ayuda a alguna amiga, pero lo descarté. Hasta ese momento había aguantado, orgullosa y firme, para que nadie viera los aprietos por los que estaba pasando. Ceder no hubiera sido digno y, además, sería una falta de respeto hacia Yussuf: pedir dinero prestado a extraños equivalía a proclamar que mi marido no era capaz de mantener a su familia con lo que ganaba. Había otra solución más razonable: pedirle un préstamo a mi padre. Sí, en cuanto llegase mandaría a Inno a Tungan Tudu, a casa de los abuelos, para que le dijera a mi madre que viniera enseguida: le explicaría la situación, le pediría que hablara con mi padre para que nos prestara un poco de dinero y le rogaría que se quedara unos días con nosotros, al menos hasta que Zayyanu se pusiera bueno. Con su ayuda podría, además, llevarlo a que lo viera algún otro curandero. Sin embargo, en casa me esperaba la peor de las noticias.

Nada más verme Inno vino corriendo hacia mí.

—¡Deprisa, mamá! ¡Kulu está muy mal!

Sin haber descargado aún a Zayyanu, corrí a ver a la más pequeña de mis hijas. Estaba tumbada en la estera, se quejaba como Zayyanu y tenía en los brazos las mismas pústulas.

El miedo me tenía paralizada y no acertaba a decir palabra. Inno y Asiya me miraban en actitud expectante. Esperaban que hiciera o decidiera algo, que las tranquilizase. Pero yo, abrumada por tantos problemas, no era capaz de reaccionar. Sentía un nudo en la garganta y de no haberme dominado, medio muerta de miedo y de cansancio como estaba, habría prorrumpido en llanto allí mismo, delante de mis hijas. Eso sí que no. Bastante sufrían ya con los problemas de casa. Haciendo de tripas corazón, reaccioné. Le pedí a Inno que fuera a Tungan Tudu y le dijera a la abuela que viniera corriendo, dejé en la estera a Zayyanu, que seguía teniendo mucha fiebre y parecía amodorrado, y me ocupé de Kulu. Tenía la frente ardiendo y era evidente que estaba muy mal, pero aun así me miraba con sus ojazos abiertos, segura de que yo la curaría. Para que se quedara tranquila le dije que al día siguiente se pondría mejor.

A Asiya la mandé por más agua al pozo. Los consejos que Sani me había dado para Zayyanu valían para Kulu, que también debía beber mucha agua... Con la que tenía en casa preparé las pócimas, que les hice tomar luego a los dos pequeños, y por último acosté a Kulu.

—Duerme, cariño, y no te preocupes, que todo saldrá bien —la animaba yo. Ella asintió y se quedó hecha un ovillo sobre la estera.

Zayyanu, por su parte, llevaba ya rato durmiendo, se lo veía sereno, sin dolores. ¿Era normal que un niño tan activo como él durmiera tanto? Nunca me había sentido tan impotente, y aunque sabía que había hecho todo lo que estaba en mi mano, eso no me tranquilizaba... Deseaba que mi madre llegara pronto... Si los niños no mejoraban, al día siguiente iría con ella a ver a otro curandero.

Quizá Alá me ponía a prueba, quizá la vida me había tratado demasiado bien y era justo que mi familia también conociera el sufrimiento. Si era eso, lo aceptaría, aunque seguiría rogándole que no me privara de mis hijos, pues esa era, en mi opinión, una prueba demasiado dura, insoportable e injusta. Me arrodillé de cara a oriente y la Meca, recité unos versículos del Corán que me sabía de memoria y luego dirigí a Dios mis súplicas: «¡Por favor, déjame a Kulu y Zayyanu! Son hijos míos, no podría vivir sin ellos... Antes llévame a mí, pero a ellos déjalos vivir... Y haz que Yussuf regrese, lo necesitamos, si él estuviera aquí todo iría mejor...».

Y mientras imploraba, no paraba de llorar. Podía hacerlo, estaba sola. Asiya había ido por agua, Inno había partido para

Tungan Tudu. Lloraba, atenta a cualquier ruido que proviniera de donde dormían Kulu y Zayyanu.

Cuando volvió, Inno me dijo que mi madre no vendría hasta el día siguiente. Yo preparé la cena y quise dar de comer a Kulu y a Zayyanu. Este, sin embargo, ni siquiera se despertó; no podía ni tragar agua, mucho menos la pócima de Sani. Y Kulu, aunque sí logró comer y beber algo, tenía mucha fiebre y, tras tomarse la poción, se dejó caer en su estera, extenuada.

Una vez más supliqué a Alá que no me arrebatara a mis hijos: «Llévame a mí en su lugar, no te los lleves a ellos...». Me pasé toda la noche tratando de que bebieran, pero no lo conseguí.

A la mañana siguiente la situación había empeorado. Zayyanu yacía sin conocimiento y era incapaz de reaccionar, respiraba jadeando y todo su cuerpo abrasaba de fiebre. Kulu no estaba mucho mejor; me saludó débilmente, vomitó la poción y se quedó de nuevo amodorrada. La calentura la devoraba.

No podía seguir esperando, tenía que llamar enseguida a otro curandero, al mejor que hubiera en la región. No tenía dinero para pagarle, pero en aquel momento ese era el menor de mis problemas. Y de mi madre, ni rastro. No veía la hora de que llegase... Seguro que ella sabría aconsejarme, poner remedio, quizá incluso trajera dinero. Mi seguridad se había esfumado, ya no era la mujer responsable y madura que creía ser: todo lo veía negro y terrible. De nuevo era la criatura que acudía a su madre en busca de amparo.

—Safiya, ¡aquí estoy!

Oír su voz me produjo un alivio inmenso, pero todo lo que atiné a decir fue:

—Están mal, madre. Peor que ayer, mucho peor, los dos...

Al ver a Zayyanu y a Kulu también ella se dio cuenta de que la situación era grave y dijo que llamáramos a Sani para que los viera y nos aconsejara otro curandero. Pero era demasiado tarde. Cuando llegó, Sani dictaminó que en el caso de Zayyanu no había nada que hacer.

Me quedé mirándolo llena de rabia. ¿Cómo podía decir eso? ¿Él, que con sus pócimas y talismanes había contribuido a traerlos al mundo, no podía ahora salvarlos? ¿Cómo no iba a curar a Zayyanu, aquella criaturita que rebosaba de ganas de vivir? Y llorando a lágrima viva y en silencio desfogué mi rabia, hasta que, casi sin quererlo, me puse a chillar.

—¡No! ¡Él no! ¡Él no puede morir! —Lo grité delante de todo el mundo, sin que me preocupara el hecho de no estar sola. Lo único que me importaba era aquel niño, que era mi vida y se estaba muriendo, todo lo demás me daba igual. Me arrojé sollozando sobre Zayyanu, lo besé y lo abracé con todas mis fuerzas, como para defenderlo de la muerte.

—¿Por qué es Dios tan cruel que se lo lleva? —grité entre sollozos—. ¿Qué ha hecho este niño para que deba morir? ¿Por qué no ha escuchado mis ruegos y no me quita la vida a mí en vez de a él? ¿Por qué?

Zayyanu murió en mis brazos poco rato después. Sani, que no se había ido aún, me miró con profunda compasión y me dijo que tenía que pensar en Kulu.

—Yo no puedo curarlo, ni yo ni ningún curandero. Esta enfermedad ha acabado con la vida de muchos niños de la región. Quizá algún médico de Sokoto pueda hacer algo, pero se necesitará mucho dinero para comprar los medicamentos que le recete.

La posibilidad de salvar a Kulu me reanimó. Podía soportar perder a un hijo, pero no a dos. Le dije a mi madre que volviera al poblado, le pidiera dinero a mi padre y me lo trajera cuanto antes. Mientras, yo me ocuparía de Zayyanu. Según el rito islámico, había que enterrarlo en pocas horas. Tenía que lavarlo, perfumarlo y envolverlo en un sudario blanco, tras lo cual, tumbado sobre la *achakwa* —una tabla hecha de cañas de bambú entrelazadas— y a hombros de cuatro hombres del poblado, lo vería salir de casa por última vez.

Era consciente de que todo aquello me resultaría insoportable, pero sabía que debía acudir lo antes posible junto a Kulu; llorando, me volví a mirarla: permanecía inmóvil en su estera, con la mirada perdida y ajena a lo que sucedía a su alrededor. «¡Sálvate tú por lo menos, vida mía! Por el amor de Dios, ¡no te vayas!», pensaba entre sollozos. Y dirigiéndome a Sani, le dije:

—Por favor, quiero a uno de esos médicos de Sokoto. No me importa lo que cueste, ¡pero que venga cuanto antes!

Él me prometió que saldría inmediatamente para la ciudad.

De momento no podía hacer nada más por Kulu. Acongojada de verla allí como muerta, le acaricié la frente y le susurré palabras tiernas para tranquilizarla.

Ahora, tenía que ocuparme de Zayyanu. Mandé a Asiya y a Inno por agua y a otros recados, me acerqué a su estera y me arrodillé junto a él. Parecía dormir. Qué guapo era... La idea de no volver a verlo ni a oírlo reír y balbucear nunca más me era insoportable... Estuve largo rato acariciándolo y meciéndolo sin dejar de llorar.

—Hijo mío, hijo mío... ¿Por qué? ¿Por qué?

Poco después lo preparé para darle sepultura, traspasada por un dolor tan intenso que creí que no podría soportarlo.

El entierro tuvo lugar al crepúsculo. A mí no me quedaban lágrimas, había llorado todo el día viendo a mi hijo sin vida tumbado en su estera y atendiendo a Kulu, cuyo estado parecía agravarse de hora en hora.

De vuelta en casa me acomodé junto a Kulu y allí pasé toda la noche. Al día siguiente, tan pronto como rayó la luz, llena de impaciencia me mantuve a la espera de la llegada del médico que vendría con Sani de la ciudad, pero a primeras horas de la tarde solo se presentó el curandero. No había conseguido encontrar ningún médico que pudiera acompañarlo, explicó. El único que se mostró dispuesto a llegarse al poblado trabajaba en el hospital, y no podría desplazarse hasta el día siguiente. Monté en cólera y lo puse de vuelta y media:

—¿Cómo se te ocurre? ¡Inútil! ¿Por qué no le has explicado lo que pasa? ¡Qué ser humano con temor de Dios dejaría que muriera una criatura solo porque no podía moverse de la ciudad!

Que una mujer le hablase así a un hombre, y más tratándose de un anciano sabio y un fiel servidor de Alá, resultaba inadmisible, pero Sani, habida cuenta del estado en el que me encontraba, no dijo nada.

Al poco llegó mi madre, con el dinero y la bendición de mi padre.

—¡Quiere que sepas que está rezando por ti y por Kulu, Safiya!

Su presencia me infundió ánimos.

—Madre, con este dinero puedo ir a Sokoto y buscar a un médico. ¡Si es necesario lo traeré a la fuerza!

Estaba decidida, pero mi madre me detuvo.

—No, Safiya, no vayas. No serviría de nada. Si no le han hecho caso a Sani, que es hombre y curandero, ¿crees que te lo harán a ti, una pobre mujer?

Tenía razón. Solo podíamos esperar y rezar. Me quedé junto a Kulu: no me separaría de ella hasta que llegara el médico. Poco podía hacer por mi hija, lo sabía. Ardía de fiebre y parecía estar casi inconsciente.

Rabia, rebeldía, dolor y desazón me consumían, pero estaba dispuesta a resistir. Kulu no necesitaba sino calma y sosiego. Todo el día y toda la noche estuve intentando que comiera algo y bebiera, pero fue inútil.

Al día siguiente, el médico del hospital de Sokoto que se había comprometido a venir no se presentó. A media tarde me entró una rabia incontenible. Kulu empeoraba y me indignaba que el mundo se mostrara tan insensible con su sufrimiento y mi dolor. Mi madre mandó nuevamente a Inno a buscar a Sani. Cuando este llegó, se ofreció a ir a la ciudad en busca de otro médico y aceptamos.

Una tarde, una noche más... Más horas terribles junto a Kulu. A esas alturas mi hija yacía sin conocimiento y jadeaba. La llamaba y no me respondía; la acariciaba y no reaccionaba.

Traspasada de dolor, rogaba a Dios que la salvara y le reprochaba que no impidiera aquel suplicio injustificable. «¿Qué te he hecho yo? ¿Por qué me castigas así? ¿Qué culpa tengo? ¿Qué culpa tenía Zayyanu y qué culpa tiene Kulu?»

Por fin, a la mañana siguiente, Sani vino con un médico. Este examinó a Kulu y meneó la cabeza. Era varicela, explicó..., quizá demasiado avanzada como para combatirla con éxito, añadió.

Cuando vi que aquello significaba que también Kulu moriría no pude controlarme y, hecha una furia, arremetí contra el médico.

—¡La culpa es vuestra! ¡Si hubierais venido enseguida se habría salvado! ¡Dios os castigará por esto! ¡Y mi marido os lo hará pagar cuando vuelva!

Aquel arrebato de cólera acabó con mis fuerzas —llevaba tres días sin comer ni dormir— y me desplomé medio desmayada: al instante una calma irreal se impuso a mi alrededor. Me parecía verlo todo como si no estuviera allí: a Kulu agonizando, a mí misma en el suelo, junto a ella; a mi madre, a Sani y al médico hablando a media voz. Este último le explicaba a mi madre que deberíamos haber acudido a él y no a un curandero, pues la varicela, cogida a tiempo y con el tratamiento adecuado, se podía curar. Sani repuso que también él, la primera vez que había visto a Zayyanu, nos había aconsejado consultar enseguida con un médico de la ciudad. El doctor se dirigió de nuevo a mi madre para comentarle un hecho espantoso: aquella enfermedad, la varicela, era contagiosa: es decir, que también Inno y Asiya podían enfermar, y le recomendó que estuviéramos muy atentas a las niñas y lo avisáramos si mostraban alguno de los síntomas que ya habíamos visto en Zayyanu y Kulu. Por último, al irse, dejó una serie de medicinas para Kulu, aunque —precisó— dudaba mucho de que surtieran efecto, pues la enfermedad estaba muy avanzada. Mi madre le pagó y le dio también algo a Sani, tras lo cual médico y curandero se marcharon.

Poco después de haberse tomado el primero de los comprimidos que el médico nos había dado murió Kulu entre mis brazos, y de la pena también yo creí morir.

Estaba destrozada. En pocos días había perdido a dos de mis cuatro hijos. Si logré sobreponerme fue solo por amor a Inno y Asiya: las observé en todo momento por si advertía cualquier indicio sospechoso, como una respiración jadeante, o señales de debilidad. Solo de pensar que también ellas podían caer enfermas de varicela y morir me trastornaba, pero por fortuna ninguna de las dos se había contagiado.

Durante aquella época tan triste mi madre se quedó conmigo. Su presencia fue fundamental. Superado el duelo por la muerte de Zayyanu y Kulu, la gravedad de la situación económica volvió a imponerse. No tenía dinero y me di cuenta de que llevaba mucho tiempo sin recibir un céntimo de Yussuf. Y —lo que era peor— tampoco tenía noticias de él. Ni siquiera sabía si su familia le había informado de la muerte de nuestros hijos. El deseo de tenerlo a mi lado era cada vez mayor: quería abrazarlo, quería que me consolara y también intentar darle otro hijo. Pensando en los convulsos acontecimientos de aquellos días me di cuenta de que ninguno de sus familiares había venido a verme y no me habían ofrecido su ayuda ni se habían preocupado por mi situación económica. Algunos días después de la muerte de Kulu volvió al poblado el hermano de Yussuf que trabajaba con él en el sur y era quien solía traerme el dinero. Esta vez, sin embargo, no llevaba nada de parte del hermano. Vino a verme y me dijo que mi marido sabía lo de la muerte de los pequeños, pero que no podía volver a casa y que también él mismo estaba casi en la miseria.

Todo aquello me pareció muy raro, además pude advertir en él un tono de reproche: aunque parezca increíble, era como si la familia de Yussuf y el mismo Yussuf me considerasen responsable por no haber estado a la altura de las circunstancias.

Una vecina me contó la verdad. Su esposo trabajaba en el sur con Yussuf y, según le habían dicho, mi marido no había dejado de entregarle regularmente a su hermano el dinero para mí, solo que este, en lugar de dármelo, se lo había quedado. Me negué a creer que el hermano fuera capaz de tal vileza y decidí visitar a los padres de Yussuf y aclararlo todo.

No olvidaré nunca aquella visita que hice con toda la confianza del mundo, recordando cómo la madre de Yussuf me había acogido cuando yo, jovencísima y asustada, había recurrido a ella. Me presenté con el aire humilde que una mujer respetuosa debe adoptar ante sus suegros y con calma les expliqué que hacía meses que no recibía dinero de Yussuf y que no podía seguir así. Mis suegros reaccionaron con una gran frialdad. Habló sobre todo la madre de Yussuf, en un tono que me dejó helada:

—Tú tienes la culpa de lo que te pasa, no nuestro hijo. Yussuf está lejos, sacrificándose, ¡tiene muchas preocupaciones! ¡Tú deberías ser una buena esposa, una esposa responsable que afronta las dificultades sin quejarse y saca adelante a su familia!

—¡Es lo que he hecho todo este tiempo! —repliqué—. ¡Pero ahora no tengo nada de nada! ¿Cómo voy a salir adelante?

—¡Yussuf no ha dejado de enviarte dinero! —repuso mi suegra—. Sí, ya sé que desde hace un tiempo te manda menos, pero precisamente en momentos así se demuestra lo que vale una esposa, cuando es capaz de mantener a su familia con lo poco que tiene.

No tuve entonces más remedio que contarles lo que me habían dicho.

—Quizá sea verdad que Yussuf no ha dejado de mandarme dinero a través de su hermano, ¡pero yo no lo he visto! ¡A lo mejor quien debía dármelo se lo ha quedado!

Ante aquella insinuación la madre de Yussuf perdió la calma y, gritándome que mentía y que ya se encargaría Yussuf de darme un escarmiento cuando volviera, me echó sin darme tiempo a contestarle. Y yo, triste y desengañada, volví a casa. ¿Es que no lo veían? La situación estaba clara, llevaba meses viviendo sin ingresos de ningún tipo, a expensas de mis padres, en realidad... De pronto me asaltó una duda: ¿y si Yussuf no me hubiera perdonado la muerte de Zayyanu y Kulu, y todo lo que le habían contado de lo ocurrido lo hubiera llevado a repudiarme?

Debía ponerme en contacto con él como fuera, pedirle que viniera y escuchara mis razones. Hablé con otras mujeres, procuré enterarme de si el marido de alguna de ellas tenía previsto viajar al sur en breve, expliqué en qué condiciones me encontraba. Y así, reuniendo información, supe que la familia de Yussuf pasaba —por varias razones— una mala racha y que el hermano que debía darme el dinero era precisamente el que en peor situación estaba. Y entonces lo entendí. Los padres de Yussuf consideraban que el dinero de su hijo les correspondía antes a ellos que a mi familia.

Así pues, me puse a pensar lo que debía hacer y se me ocurrió una idea con la que todos salíamos ganando. Primero se la conté a mis padres, que se mostraron de acuerdo, y luego fui a ver a los de Yussuf para proponérsela: mientras durasen las vacas flacas, yo me ocuparía de mi familia y trataría de ganar algún dinero fabricando cestos y esteras en mi casa. Y así también contribuiría a sacarlos a ellos de apuros. Desgraciadamente no tuve tiempo de exponerla. Mi suegra me recibió con un saludo muy frío y acto seguido, sin subterfugios, me dijo que hasta ahí habíamos llegado.

—Yussuf no quiere volver a verte. No has sabido hacerle feliz y te considera responsable de la muerte de tus hijos.

Supe lo que pasaría a continuación antes de que ocurriera y me sentí horrorizada. La madre de Yussuf se puso en pie, me señaló con el dedo y pronunció la fatídica fórmula:

—En nombre de mi hijo Yussuf, ¡yo te repudio! ¡Te repudio! ¡Te repudio! —Tres veces lo dijo, una condena inapelable. La peor de las condenas para una mujer musulmana.

Me alejé de aquella casa más muerta que viva. A los veinticuatro años, había perdido en unos meses a dos hijos y a mi marido. Estaba sola.

7

REPUDIADA

En mi tierra, para una mujer musulmana adulta, estar sola es la peor de las condiciones.

Tras el repudio me vi obligada a volver a la casa de mis padres, que ya vivían en la estrechez y tuvieron que cargar conmigo. A la humillación y la pena de aquel momento se sumaba una desgarradora nostalgia por Inno y Asiya, que ahora vivían con la familia de Yussuf. Las echaba mucho de menos y a veces me preguntaba cómo era posible que mi mundo se hubiera derrumbado en tan poco tiempo: la partida y la ausencia de Yussuf, la pobreza, la enfermedad y muerte de Zayyanu y Kulu, el repudio, la separación forzada de mis dos hijas...

Había otro interrogante sin respuesta que guardaba relación con Yussuf. Nos habíamos querido, habíamos tenido cuatro hijos. ¿Sería posible que no sintiera ya nada por mí?

Aunque no podía demostrarlo, estaba convencida de que él seguía amándome y había sido su familia la que le había obligado a repudiarme.

Fuera como fuese, ahogarse en lamentos no servía de nada, tenía que reaccionar. En el fondo no todo estaba perdido. Asiya e Inno venían a verme a menudo, y mis padres me habían acogido con todo el cariño del mundo. Por su manera de tratarme sabía que compartían mis tribulaciones e intentaban aligerar en lo posible mi penosa situación. Como siempre, mi madre era dulce conmigo y conseguía transmitirme su serenidad. Y mi padre, con su voz sosegada, me daba seguridad como cuando era niña y me repetía que ya se encargaría Dios de hacerme feliz; él rezaba por mí, aunque no me lo dijera yo lo sabía, y eso me ayudaba mucho.

Antes de que se me presentara la oportunidad de un nuevo matrimonio, Alá quiso que pasaran tres años. Como en el caso de Yussuf, fue mi padre quien me lo dijo una noche, mientras cenábamos.

—Safiya, pronto volverás a casarte. Uno de mis estudiantes de la escuela islámica, Mohammed, me ha pedido tu mano y yo la he aceptado.

La noticia me hizo muy feliz. Conocía a Mohammed y sabía que tenía ya dos esposas, pero eso no me preocupaba.

Lo importante era liberarme del estigma del repudio y volver a ser una mujer casada, tener hijos, dejar de ser una carga para mis padres... Mi madre y yo nos miramos y supe que ya lo sabía, pues me sonrió de forma elocuente, como diciéndome: «¿Lo ves? Ya estás contenta, Alá no abandona a los que le son fieles».

Aquella segunda boda se celebró deprisa y sin mucha ceremonia. Tanto él como yo éramos adultos y para ninguno de los dos era la primera vez. Cuando me trasladé a vivir a casa de Mohammed conocí a sus otras dos mujeres, Maraya y Fatima. Obligado por su familia, Mohammed se había casado con la primera siendo muy joven y habían tenido dos hijos. Cinco años después de aquella boda se había enamorado de la segunda y se había casado con ella. Aunque no le había dado ningún hijo, Fatima tenía una ascendencia sobre él que ni Maraya ni yo nos explicábamos.

Maraya y yo congeniamos enseguida. Ella era una persona muy amable, hacíamos juntas las tareas del hogar y acabamos siendo verdaderas amigas. Hablar con ella me recordaba los tiempos felices de mi amistad con Safiya. Fatima, en cambio, no parecía interesada en tener trato con nosotras, en casa no hacía nada y solo nos dirigía la palabra cuando era estrictamente necesario. Al parecer, lo único que la preocupaba era tener que repartir con Maraya y conmigo las pingües ganancias que Mohammed obtenía con su trabajo de cazador.

Por eso trataba de hacernos la vida imposible. Yo había llegado hacía poco, pero Maraya llevaba ya cuatro años aguantando aquella situación. Mi presencia —me confesó— la había alegrado mucho, pues le hacía más fácil soportar los abusos y vejaciones de Fatima.

—Cuando me enteré de que Mohammed se casaba por tercera vez pedí a Alá que me enviara a una mujer comprensiva que me ayudase a mantener la armonía familiar. ¡Y me ha escuchado!

Yo, halagada por estas confidencias, la apoyaba siempre y por eso fui a menudo objeto de las críticas venenosas de Fatima.

Los pocos días que Mohammed pasaba en casa al volver de sus largas batidas de caza, Fatima lo monopolizaba y se mostraba ante él tan servicial y hacendosa como vaga y desganada en su ausencia.

Decidida a no tener que convivir más con nosotras, Fatima llevaba tiempo haciendo lo posible por ser la única mujer de Mohammed. Un día, una hermana de este me dijo que Fatima quería obligarlo a repudiar a Maraya, y aunque añadió que no se lo dijera a nadie, yo no podía guardar un secreto así. En cuanto tuve ocasión, pidiéndole que no me traicionara, se lo revelé a Maraya. Yo suponía que una vez enterada mi amiga querría defenderse y averiguar si de veras Mohammed tenía esa intención. Sin embargo, Maraya reaccionó con entereza, me dio un abrazo y cuando volvimos a mirarnos vi que tenía los ojos llorosos.

—Ya me esperaba algo así, Safiya —me dijo—. Fatima trata de quitarme de en medio desde que llegó. No es la primera vez que se lo exige a nuestro marido y sé que tarde o temprano él accederá. Soy una mujer mayor, tengo treinta y dos años y ya no soy tan deseable. He dado dos hijos a mi esposo, he cumplido con mi deber. Nuestro marido es un hombre débil y muy sensible al atractivo femenino. Antes o después esta casa dejará de ser la mía, ya lo verás.

Maraya no se equivocaba. Mohammed la repudió. Para mí supuso una gran pena y una pérdida incomprensible. Una vez más la vida me separaba de una amiga sincera y leal. Aunque yo era más joven que ella, sabía lo que significaba quedarse sola y lo difícil que resultaba conforme pasaban los años. He rezado siempre por ella, para que la vida le deparase un nuevo marido y una situación tranquila y estable.

Apenada como estaba por el triste destino de Maraya, por entonces no imaginaba que pudiera pasarme lo mismo, pero así fue. A pesar de haberle dado a Mohammed dos hijos, Garba y Aisha, Fatima logró convencerlo para que me repudiase.

Era la segunda vez que me ocurría y decidí no darme por

vencida sin presentar batalla. Hablé con mi padre, que era un buen amigo de Mohammed, para que terciara en el asunto, y no me dejé intimidar por las amenazas de Fatima, contra las que incluso me serví de un talismán. Sin embargo, ella resultó ser demasiado fuerte y supo ganarse la voluntad de Mohammed, que al final me repudió.

De nuevo me vi sola y en casa de mis padres. El tiempo transcurrió, mi desilusión fue mitigándose con el correr de los días y nacieron nuevas esperanzas... Dos años después del repudio de Mohammed conocí a Mamman.

Era también alumno de mi padre y había empezado a trabajar hacía poco en el estado de Oyo, al sur de Nigeria. Un día me propuso que me reuniera con él y nos casáramos y, con el beneplácito de mi padre, acepté aunque Mamman no pudiera ofrecerme una existencia holgada. En el sur la vida era mucho más cara y él no ganaba lo suficiente para mantenerme a mí y a mis hijos. Aunque nuestra situación no era de miseria absoluta, sí vivíamos en una extrema pobreza. Mi vida se convirtió en un infierno: quizá debido también a los insuperables problemas económicos, Mamman se volvió violento y tanto llegó a maltratarme que sus propios parientes me aconsejaron el divorcio. Yo les hice caso y al cabo de solo un año de matrimonio volví por tercera vez con mis padres.

Empezaba a creer que Alá me había condenado a un destino errátil y adverso cuando, tiempo después de mi regreso a Tungan Tudu, pude otra vez concebir ilusiones: Fatima había muerto y Mohammed me pidió que nos casáramos de nuevo. No era una decisión fácil: Mohammed era un hombre de poca voluntad, aunque quizá no hubiera echado en saco roto sus experiencias vitales ahora que se veía solo. Convencida de que podría encarrilarlo y hacerle feliz, me trasladé nuevamente a su casa, donde, como en el pasado, volví a pasar sola largos períodos de tiempo, pues él seguía yéndose a cazar al sudoeste.

Aquel matrimonio quizá habría funcionado si Mohammed no se hubiera presentado un buen día enfermo y con otra esposa. La situación degeneró rápidamente: la nueva mujer era mucho más joven que yo y él estaba loco por ella. Yo pasé a un segundo plano, aunque no por ello dejé de atender a mi marido enfermo y de aceptar a la nueva esposa con toda mi buena voluntad, según mandan la tradición y el islam; a pesar de que yo tenía que cargar con las labores domésticas y el gobierno de la casa, pues Mohammed permitía que su otra esposa desatendiera sus obligaciones.

Mi vida en aquellas circunstancias era una ignominia, pero yo la sobrellevaba. Con tal de evitar la vergüenza de un nuevo repudio, estaba dispuesta a lo que fuera. Mis ilusiones se truncaron cuando la indiferencia de Mohammed se convirtió en hostilidad: estaba convencido de que la causa de su enfermedad era yo, que le había echado alguna maldición. La situación acabó siendo insostenible y al final me ocurrió lo que nunca hubiera imaginado que sucedería: que un marido me repudiara y que eso me causara un profundo sentimiento de liberación.

8

UN ENCUENTRO FATAL

Con treinta y cuatro años miraba atrás y veía mi vida como una sucesión de errores: cuatro ilusiones y cuatro matrimonios frustrados, en tres de ellos repudiada, que a ojos de todos constituía la peor humillación que puede sufrir una mujer islámica; cuatro derrotas, cuatro veces de vuelta a Tungan Tudu, a la casa de mis padres, que incluso tras mi segundo matrimonio con Mohammed me acogieron llenos de amor. Estaban más viejos y cansados, pero dispuestos una vez más a recibirme con los brazos abiertos y a entregarme su apenado corazón. Pese a no decirme nada, yo notaba en cada sonrisa de mi padre, ya muy anciano y casi ciego, y en cada tierna caricia de mi madre que a ellos les dolía tanto como a mí.

En el tranquilo transcurrir de los días en el poblado a menudo me preguntaba qué había aprendido de mis experiencias, y la respuesta era una: a no fiarse jamás de las apariencias, pues con los hombres nunca se sabe... ¡Hombres...! No quería ni oír hablar de ellos. A esas alturas me había resignado a vivir sin marido y a dedicarme a cuidar de los hijos que tenía conmigo y de mis padres. Ellos y solamente ellos eran mi familia. En el futuro, lo tenía decidido, no habría cabida para ningún hombre, a menos que pudiera juzgarlo personalmente cuando se dirigiera a mi padre para pedir mi mano. Mujer adulta y responsable, sentía una gran amargura por mi situación, pero también había aprendido en carne propia lo caro que puede salirle a una mujer el aceptar un marido cualquiera con tal de no quedarse sola. Más vale sola que mal casada, me decía ahora; mejor que me miren con compasión, escarnio o desdén, que no pasarse los días y las noches llorando por haber elegido sin pensar.

Animada por estas reflexiones, había alcanzado cierto equilibrio. En el fondo de mi ser había recuperado y valorado una dignidad personal que como mujer nunca había creído poseer o merecer. Que los demás pensaran de mí lo que quisieran, la vida no había sido generosa conmigo y yo me sentía una mujer capaz de decidir y pensar por sí misma, una madre honesta y sabia que criaba a sus hijos en la justicia y el respeto de la religión. No había cometido ningún delito ni contra Alá ni contra los seres humanos. Las críticas y los chismes de la gente de aquel pequeño poblado me traían sin cuidado.

Así era yo cuando apareció el hombre que me destrozaría la vida.

Como cualquier mujer adulta, no estaba ya sujeta al control de mi familia y gozaba de una gran libertad de movimientos tanto en Tungan Tudu como en los poblados vecinos. En uno de aquellos desplazamientos me encontré un día con Yacubu, un primo lejano de parte de padre. No era la primera vez que me lo encontraba, pero, tras habernos saludado como siempre y cuando me alejaba de él, me di cuenta de que desde hacía un tiempo nos topábamos con mucha frecuencia, de hecho casi cada vez que por cualquier encargo o recado tenía que salir del poblado. Y en cada encuentro me había saludado más efusiva y atentamente que la vez anterior. Es decir, que aquellos encuentros no eran casuales: ¡Yacubu me hacía la corte!

¿Me interesaba él? No, ni por asomo. Sabía que ya tenía una mujer, aunque no era eso lo que me frenaba, ni tampoco lo que opinaba de los hombres. Simplemente no me gustaba su modo de actuar: si de verdad quería algo serio conmigo, ¿por qué en lugar de hacerme la corte casi furtivamente no iba a hablar con mi padre? Convencida de lo que pretendía él, decidí que en adelante me mostraría muy fría, para que viera que no había nada que hacer.

Me lo encontré a los pocos días, cuando iba a ver a mi tío a Jinjina. Venía sonriendo hacia mí. Yo, seria, lo saludé lacónicamente y seguí mi camino. Pero Yacubu me llamó:

—¡Safiya!

Me di la vuelta y él se acercó.

—Tranquila —me dijo—, no quiero hacerte nada. Solo quería hablar un rato contigo. He sabido lo de tu último matrimonio. Nada, solo quería decírtelo y que si puedo hacer algo por ti, con mucho gusto lo haré.

—Te lo agradezco, eres muy amable —contesté con una leve sonrisa—, pero ahora estoy bien. Esa época de mi vida ha pasado a la historia y ahora soy feliz. —Y me fui.

Pero por lo visto Yacubu tenía prisa. Al cabo de unos días me salió directamente al camino y esta vez me preguntó por mi familia, la salud de mi madre, la enfermedad ocular de mi padre... No habíamos cruzado más que unas cuantas frases banales cuando, con gran estupefacción por mi parte, me ofreció un retal de tela floreada.

—Para ti, cógelo. Lo he visto en un mercado aquí cerca, era barato, lo he comprado y me haría muy feliz que lo aceptaras. No quiero nada a cambio. Solo es un regalo.

Sin saber qué hacer, pero temiendo que se ofendiera si lo rechazaba, cogí el retal y seguí mi camino.

Llegó un momento en que cada vez que salía de Tungan Tudu me tropezaba con Yacubu. En una de esas ocasiones volvió a interesarse por la enfermedad de mi padre.

—Hay en Sokoto un curandero que tiene una medicina muy eficaz para esta enfermedad. Pensé que ni tú ni nadie de tu familia tendría ocasión de ir tan pronto a la ciudad, así que he ido yo y la he comprado. Toma.

—Gracias, Yacubu —contesté yo—. Eres muy atento, pero no es a mí a quien tienes que dársela. La has comprado para mi padre y lo mejor es que se la lleves a él. Pásate por casa, mi padre se pondrá muy contento y él mismo te la pagará. —Y de paso, pensaba yo, podría decirle también lo que quería de mí. Sí, era la decisión correcta.

Pero a él no le pareció bien.

—No, Safiya, la medicina es para tu padre, pero yo la he comprado para ti, porque sé cuánto lo quieres. ¡Lo correcto es que la aceptes tú!

Se hizo un silencio. Yo estaba muy tensa, no sabía cómo librarme de él; me miraba fijamente, lo que hacía que me sintiera aún peor. Y finalmente se declaró:

—Estoy enamorado de ti, Safiya, y quiero hacer el amor contigo, no consigo sacarte de mi cabeza, siempre pienso en ti.

Fue como si me hubiera dado una bofetada. Primero me

quedé parada, sin saber qué decir ni qué hacer, pero enseguida todo lo que pensaba acerca de los hombres me hizo salir de dudas: no, había sufrido demasiado y no creía ya ni en el amor ni en los hombres.

—No, Yacubu —lo rechacé, cansada—, déjame en paz, no me busques más. A mí esto ya no me interesa.

Y me fui. Cuando hice lo que tenía que hacer volví a Tungan Tudu, esperando no encontrármelo de nuevo.

Sus palabras me habían trastornado, estuve todo el día pensando en ellas. Yo llevaba una vida tranquila y no podía arriesgarme a empezar otra relación que no sabía cómo terminaría. Tampoco estaba dispuesta a vivir otra vez bajo la amenaza constante de un nuevo repudio. No podría soportarlo, esta vez me suicidaría.

Llegué a casa en un estado de gran confusión y mi madre no tardó en darse cuenta de que algo pasaba.

—¿Te ocurre algo, Safiya? —me preguntó llamándome a su lado—. Te veo muy alterada.

No pude callármelo; angustiada, me eché en sus brazos y se lo conté todo: que siempre me encontraba con Yacubu y me sonreía, lo del regalo del retal, lo de la medicina y que se había declarado abiertamente.

—¡Volver a casarme me da tanto miedo! ¡No sé qué hacer, madre!

Ella me escuchó con su habitual ecuanimidad.

—Todo se arreglará, Safiya. Esta noche hablaremos con tu padre. A lo mejor lo de Yacubu es una muestra de la benevolencia de Alá, que quiere que tengas un futuro estable y una vida de mujer casada. Bien mirado, ¿por qué rechazarlo sin saber antes cómo es y qué quiere?

Durante la cena también mi padre se mostró transigente.

—¡No debemos descartar nunca las ocasiones que Alá nos brinda! —sentenció—. La próxima vez que veas a Yacubu dile que venga a hablar conmigo.

Aquella noche me acosté hecha un lío. «Ya estoy otra vez que si me caso, que si no. ¿Por qué me repelerá tanto? ¿Porque aunque Yacubu es amable, jovial y generoso hay algo que me dice que no me fíe de él? No me gusta, no me gusta nada... Ojalá no volviera a verlo.»

Pero me lo encontré al día siguiente, y esta vez nada más salir del poblado. Estaba esperándome, era evidente, y en cuanto me vio vino hacia mí. El corazón me dio un vuelco. Quise salir corriendo, pero me era imposible. Ahora, mostrarme distante, sí podía.

—Mira, Yacubu —le salí al paso—. Mi padre quiere verte. Adiós. —Dicho lo cual proseguí mi camino, sin mirarlo.

Yacubu me siguió.

—Safiya, espera. Claro, claro, iré a hablar con tu padre, ¡es lo justo! Pero antes escúchame. ¡Mira! —Y me enseñó unas nueces de cola que llevaba en la mano—. Tómalas, son un regalo para ti y para tu familia.

Entre nosotros, las nueces de cola suelen ofrecerse en las bodas, tras la oración que pone fin a la ceremonia, y también se regalan a las muchachas cuando un hombre quiere casarse con ellas, por lo que tienen un profundo significado. Quiero decir que aquel regalo de Yacubu era muy elocuente. Hoy sé que fue un error, pero entonces quise librarme de él y, sin saber qué hacer las acepté.

—Gracias, Yacubu, en nombre también de mi familia.

—Es un placer regalártelas. —Contento de haberse salido con la suya, sonrió—. Yo vivo cerca de aquí, Safiya, y ahora estoy solo. Me alegraría mucho que vinieras a visitarme. Hazlo cuando te parezca, hoy mismo si quieres, cuando termines lo que tienes que hacer.

Como no me lo proponía en la debida forma, le contesté como merecía.

—Yacubu, no voy a ir a tu casa. Eres tú quien tiene que ir a hablar con mi padre. —Y allí lo dejé otra vez plantado.

Aquella noche se lo conté a mis padres, pero omitiendo la invitación de Yacubu de ir a su casa. Cuando les dije que había prometido visitarnos y hablarnos con franqueza mi padre pareció satisfecho.

También aquella noche la pasé en blanco, con el ánimo agitado. No podía pensar más que en Yacubu, en sus palabras, en su invitación...

«Quiere que vaya a verlo, a su casa... Está enamorado de mí y me desea, quiere hacer el amor conmigo... ¿Qué hago? ¿Y sus regalos? La tela, la medicina y ahora las nueces, las nueces...» Aquellas nueces de cola me desesperaban. Antes de acostarme las encontré por casualidad y las puse en la estera, a mi lado. Y luego, a lo largo de la noche, desvelada, me había quedado mirándolas una y otra vez, sumida en las mismas reflexiones turbadoras: «Yacubu me ama... Quiere que vaya a verlo... A lo mejor mis padres tienen razón y es Alá quien lo ha dispuesto así...». Cerraba los ojos y me imaginaba a Yacubu sonriendo y hablándome. Y también me parecía oír a mi padre que, en un tono más persuasivo que nunca, me decía: «¡No debemos descartar nunca las ocasiones que Alá nos brinda!». A la mañana siguiente me desperté con la clara sensación de que algo en mí había cambiado.

Me levanté al alba y mientras trajinaba por la casa me sorprendí, con gran estupor, deseando ver a Yacubu. ¿Qué podía hacer para verlo? ¡Claro, el carpintero! Nos había hecho unos trabajos que aún no le habíamos pagado porque estaba precisamente en el poblado de Yacubu: era una buena excusa para ir y así saldar nuestra deuda. No me lo pensé dos veces: le dije a mi madre que iba a pagar al carpintero y me puse en camino.

Mientras me dirigía al poblado, me dije que no podía presentarme así de pronto en casa de Yacubu. Yo era una mujer, y eso estaría muy mal visto... ¿Cómo arreglármelas? Podía ir primero a casa del carpintero y luego, fingiendo que... Absorta en esos pensamientos llegué a las inmediaciones del poblado de Yacubu y de pronto vi que él venía hacia mí, sonriendo y con aire persuasivo, como siempre. Me detuve, esperé a que se acercara y haciendo un esfuerzo le recordé que mi padre seguía esperándole. Se lo dije y se lo repetí con insistencia, como si aquello fuera la única tabla de salvación y quisiera aferrarme a ella, sabiendo, por otra parte, que una fuerza mucho más poderosa me arrastraba en la dirección opuesta, a la casa de Yacubu. Y casi sin dar crédito a mis ojos vi cómo él, por toda respuesta, me la señalaba meneando la cabeza. Fui, pues, a pagarle al carpintero y luego, en el camino de vuelta... «Yacubu me quiere, me ama, quiere hacer el amor conmigo, me espera...» Allí estaba su casa, podía verla y, a la refulgente luz del sol, me parecía más grande y lujosa que las otras, la única donde vivir y encontrar paz... Mis pasos me condujeron hacia allí... Llegué a la puerta, él me esperaba, me llevó adentro... y me poseyó.

Aquel día me entregué sin pensarlo, sin reflexionar sobre las consecuencias que podía tener aquel acto. Entre los brazos de Yacubu sentí nacer dentro de mí una atracción y un cariño por aquel hombre que hasta hacía unas horas me había parecido una amenaza y un peligro. De pronto todo había cambiado... Y cuando tuve que dejarlo para volver a Tungan Tudu, me sentí extraña... Sabía que su mujer no tardaría en llegar, sabía que no estaba solo, lo sabía todo... Pero ahora estaba convencida de que también para mí había cabida en aquella casa...

Cuando llegué a mi casa el afecto que sentía por Yacubu se había convertido en amor. Su cuerpo, su sonrisa, su voz me habían acompañado por el camino. No les dije nada a mis padres. Era consciente de que había cometido un acto indigno, que solamente habría sido admisible si Yacubu hubiera hablado antes con mi padre.

Si bien estos escrúpulos me impidieron confesarle a mi madre lo ocurrido, no evitaron, en cambio, que fuera a casa de Yacubu tres veces más en las semanas siguientes. Me presentaba con la firme intención de obligarlo a hablar con mi padre, me entregaba a él confiando en que me haría caso, y más tarde, mucho más tarde, me iba con sus promesas de complacerme y de venir al poblado. ¿Cuándo? Pronto, muy pronto, aunque mañana no puedo, resulta que... Y yo me iba inquieta y desconcertada por aquellos pretextos poco convincentes, pero deseosa de volver a abrazarlo. Y en mi casa, el resto del día, no pensaba más que en él...

Estaba enamorada, enamoradísima, y ardía en deseos de que me hiciera su esposa. La soledad resignada con la que me había conformado hasta entonces ya no me bastaba, aspiraba de nuevo a una vida plena de esposa y madre abnegada. El futuro me sonreía...

«La tercera luna, desde que Yacubu y yo...»

Allí estaba, alta en el firmamento, como un cuño de plata que sellase mi derrota. La contemplaba y rompía a llorar. Tres meses, me parecía imposible. Yacubu había faltado a sus promesas, no había aparecido por Tungan Tudu. Mientras que yo a su poblado... No había ya excusas ni justificaciones posibles, mi entusiasmo y mi amor se apagaban... Otra vez engañada, otra vez burlada por un hombre.

«¿Y ahora?» Como tantos y tantos años atrás, cuando siendo niña y esposa de Yussuf no sabía si entregarme a él, mi cuerpo tenía la respuesta. La tercera luna... ¡la menstruación! No la había tenido ese mes ni tampoco el anterior... Embarazada. Sí, lo decían muchos síntomas que la ansiedad diaria de ver aparecer a Yacubu me había hecho descuidar: agotamiento, náuseas, mareos...

Una vez segura de que estaba encinta me sentí de nuevo fuerte y confiada. Ahora Yacubu tendría que moverse: venir a hablar con mi padre sobre las condiciones del matrimonio y mi traslado a su casa antes de que el niño naciera. Radiante como una adolescente que espera su primer hijo, aquella misma noche se lo comuniqué a mis padres. Mi madre me abrazó, pero mi padre me echó encima un jarro de agua fría:

—Esperas un hijo de Yacubu, Safiya, pero él aún no ha venido a hablarme...

—Ya vendrá, padre, estoy segura. ¡Vendrá en cuanto se lo diga!

Lejos de convencerse, mi padre me miró con una severidad que pocas veces le había visto y menos conmigo, y me dijo:

—Has cometido un gran error, Safiya. ¡Te has entregado a un hombre antes de que viniera a pedir tu mano, ha sido algo indigno por tu parte!

Y no dijo nada más, pues él nunca gastaba palabras superfluas. Con el ceño fruncido se retiró a orar y luego se acostó.

Tenía razón... No dejé de pensar en ello toda la noche, al tiempo que mi alegría daba paso a una sorda inquietud. ¿Cómo me había dejado arrastrar hasta allí? ¿Y qué ocurriría ahora? Si Yacubu aceptaba casarse conmigo todo se solucionaría, pero en caso contrario... ¿Qué sería de mí y del niño que llevaba en el vientre? El niño... sí, por él tenía que mirar.

No debía olvidar que era fruto del amor. Al día siguiente iría a ver a Yacubu y le anunciaría que iba a ser padre. Y así, más confiada, me dormí.

«Allí está. Ya me ha visto y me sonríe, mira hacia su casa, me la muestra con los ojos... Eso es que aún me desea, me ama... Lo feliz que se pondrá cuando le diga lo del niño...»

También yo le sonreí. En cuanto estuve cerca de él, todavía fuera de la casa, empecé a hablarle.

—Yacubu, tengo que decirte algo importante...

«¿Me lo habrá visto ya en la cara? ¿Lo habrá entendido todo a la primera palabra? ¿Por qué ha dejado de sonreír? ¿O serán solo imaginaciones mías, de lo nerviosa que estoy...? ¡Díselo, Safiya, ánimo!»

—Estoy esperando un hijo, Yacubu. ¡Nuestro hijo! —exclamé con entusiasmo. Abrí los brazos y los alargué hacia él con el único deseo de que me abrazara, pero Yacubu me miró petrificado y con la boca medio abierta. Tras un rato de silencio, haciendo un esfuerzo como si no se encontrara bien, balbuceó:

—¿Estás segura?... ¿Cómo puedes estar segura?

Sí, todo iba bien, solo estaba un poco aturdido. Sin dejar de sonreír, le contesté:

—Lo sé. Hay cosas que una mujer sabe y si te lo digo es porque estoy segura. ¡Estoy embarazada!

Estaba convencida de que a continuación, repuesto ya de la sorpresa, me abrazaría y empezaría a planear la visita a mi padre, el matrimonio...

—¡Menudo problema!

—¿Cómo has dicho, Yacubu?

—¡Que menudo problema! —lo dijo resoplando. Parecía furioso.

Me quedé helada.

—¡No, Yacubu, no es ningún problema! Yo me siento muy feliz... Un niño, ¿no lo ves? Un hijo nuestro... Un regalo de Alá que sella nuestro amor... Seré una esposa fiel y devota y una buena madre. Estarás contento de mí, ya lo verás... Lo único que tienes que hacer ahora es ir a hablar con mi padre, que está esperándote. ¡La dote no será problema, mi familia se conformará con lo que sea!

Yacubu seguía aún inmóvil. Sin mirarme siquiera dijo:

—Sí, vale. Lo haré, iré a hablar con tu padre.

Yo seguí quieta ante él. Esperaba que me sonriera, que hiciera algún gesto cómplice, pero no pasó nada de eso. Con la mirada más que con las palabras me despidió:

—Y ahora vete, vuelve a tu casa. ¡Ya iré yo!

No dijo nada más, y allí, en aquel sendero de tierra batida que un poco más adelante se convertía en la calle principal del poblado, me dejó.

Se me saltaron las lágrimas pero pude contenerme. En

casa, aunque no fui capaz de ocultar a mis padres lo desilusionada, confusa y asustada que me sentía, les conté la versión más alentadora de los hechos: Yacubu vendría a casa y pediría mi mano. A esas alturas ni yo misma me lo creía, pero algo en mí se negaba a aceptar un nuevo desengaño. Incapaz de sostener por más tiempo la mirada a mis padres, me retiré al rincón del patio donde de niña me escondía cuando quería estar sola y me abandoné al llanto.

Pasaron los días y Yacubu no se presentó por mi casa. En un último intento me dirigí a su poblado. Al verme pareció contrariado, pero aun así vino a mi encuentro. Por su expresión pensé que iba a decirme algo importante. ¿Y qué podía ser sino que quería casarse conmigo?

Pero todo lo que me dijo, balbuceando de un modo vergonzoso, fue:

—Tienes que deshacerte del niño. Aborta.

Recuerdo que estuve a punto de caerme redondo. No podía ser...

—Pero ¿qué estás diciendo, Yacubu?

—Piénsalo, Safiya. Es la única solución. Así podremos continuar viéndonos como hasta ahora y todo seguirá igual.

¿Seguir igual? ¿Pese a no haber traído al mundo a nuestro hijo? ¿Pese a mi dolor? ¿Pese a mi vida destrozada para siempre? ¿Pese a la repulsa de mis padres y la deshonra? ¿Era aquel el hombre del que me había enamorado a pesar de mis sabias prevenciones? ¿Aquel ser abyecto y vil, aquel monstruo sin alma ni corazón ni dignidad ni nobleza...? De pronto me vi como arrollada por una tempestad de arena, el amor se transmutó en odio y tuve un irresistible impulso de pegarle, de golpearlo hasta arrancarle gritos de dolor...

—He hablado con mi hermano —dijo, y su voz llegó hasta mí como si me hablara desde un lugar remotísimo—. Ya sabes que trabaja en Sokoto y es persona influyente en los poblados de la zona. Ha sido él quien me lo ha aconsejado. Yo no puedo permitirme tener otra mujer, Safiya, entiéndelo. ¡Es la única solución!

Lo que seguramente Yacubu y su hermano proponían era que me pusiera en manos de un *magani*, tomara pócimas y me sometiera a una serie de peligrosas prácticas abortivas, como las que llevaban a cabo ciertas ancianas que sabían sacar fetos del vientre, a riesgo de la vida de la madre, y que lo hiciera a escondidas, pues nadie debía enterarse de mi embarazo. O quizá Yacubu pensaba que con el dinero de su hermano podría llevarme a un médico de Sokoto para que abortara clandestinamente. Abortar, matar a nuestro hijo, poner mi vida en peligro... No, no podía creer que me lo pidiera el hombre al que había amado. La idea de acabar deliberadamente con la vida de un niño que llevase en el vientre no se me había pasado nunca por la cabeza, me parecía una indignidad monstruosa.

—No he abortado nunca, Yacubu. ¡Y tampoco lo haré ahora! —grité y me fui corriendo, llorando a lágrima viva, sin que eso me importara.

Al llegar a casa me refugié en el patio, en mi rincón de siempre, y allí desahogué toda mi rabia y mi frustración. Creía que no se podía sufrir más tras un desengaño amoroso. Pero me equivocaba. Yo era una mujer musulmana y debía expiar mi culpa. Pronto lo aprendí. De la más dura y humillante de las formas.

9

ACUSADA

Dos agentes de policía llegaron al poblado pocas semanas después de mi última conversación con Yacubu. Unos críos, incapaces de disimular su curiosidad, los condujeron hasta mi casa. Los agentes hablaron primero con mi padre, que fue quien los recibió y vino luego a buscarme.

—Safiya, quieren verte a ti. Van a hacerte unas preguntas sobre el hijo que esperas y la fecha de tu último divorcio. —Y luego, con tristeza, añadió—: Nos lo temíamos, *Inshallah*...

Sí, nos lo temíamos. Mi padre me había puesto en guardia: mi relación extramatrimonial con Yacubu suponía una infracción de la *sharía*, la ley islámica que rige en nuestra tierra, y existía la posibilidad de que mi embarazo llegara a conocimiento del Tribunal Islámico de Sokoto. En ese caso —siguió explicándome mi padre— podían procesarme. No era seguro, pero sí posible. Solo ocurriría si alguien me denunciaba o si me descubría algún policía muy escrupuloso que recorriera los poblados en busca de infractores de la ley. En aquellos momentos yo me temía lo peor, aunque en el fondo confiaba en que no pasaría nada. Sin embargo, en mi tierra a las mujeres no les está permitido confiar en nadie y allí estaban los policías. ¿A quién debía su presencia? No lo sabía, aunque por entonces carecía de importancia. Lo que realmente importaba era que allí estaban. Temblando como un azogado, fui a ver qué querían, ignorante de la humillación que me esperaba.

Sin preámbulos ni contemplaciones, y en presencia de mi padre, los dos agentes me acribillaron a preguntas con el fin de establecer lo más exactamente posible los días que había estado con Yacubu: fecha, hora y modalidad de los encuentros, y también qué tipo de relación habíamos tenido. ¿Parcial? ¿Completa? ¿Cómo? ¿Dónde? ¿De qué modo? ¿Quién había tomado la iniciativa? ¿Cómo? Y yo, ¿había estado conforme? ¿Había sentido placer? ¿Y Yacubu?

Cada palabra era como un latigazo, una tortura. Dos horas estuvieron interrogándome, sin piedad ni consideración alguna por mi apuro y mi bochorno, y luego se fueron. Rendida y asustada, lo había confesado todo, había contado la verdad en sus mínimos detalles. No podía hacer otra cosa, por lo demás, pues mi embarazo era ya más que evidente.

El día pasó como en una pesadilla. En casa nadie me recriminó nada, pero reinaba una atmósfera tensa, malsana. Yo lloraba todo el tiempo; sabía lo doloroso que le había resultado a mi padre presenciar el interrogatorio y me sentía culpable por haberle hecho pasar aquella vergüenza. Al acostarme por la noche repasé, anegada en lágrimas, todos y cada uno de los instantes de aquel suplicio, deseando que también se lo infligieran a Yacubu. ¿Qué diría él, por cierto? ¿Reconocería lo sucedido? Si así fuera, la policía lo obligaría a casarse conmigo para regularizar su situación. ¿Y qué haría yo entonces? ¿Querría vivir con un hombre que me aceptaba solo porque las leyes se lo imponían?

Había también otra posibilidad, mucho más temible que un matrimonio forzado: que Yacubu lo negara todo, que dijera que no había tenido trato alguno conmigo. Mi vientre hinchado demostraba lo contrario, pero tampoco llevaba grabado su nombre. Él podía salir indemne de esa situación si me acusaba de mentirosa. Pasé la noche en blanco, dando vueltas a aquellas preguntas sin respuesta. Sentía que poco a poco me hundía en el desaliento. Y, al igual que tras la muerte de Zayyanu y Kulu, me pregunté si sería capaz de superar aquella nueva prueba del destino. Aunque esta vez, eso sí, tenía la conciencia tranquila. Alá sabía en qué circunstancias me había entregado a Yacubu; había esperado, había anhelado casarme con él, llegué a creer que me convertiría en su esposa, él me lo había prometido. Y caí en su trampa. ¿Cómo había podido ocurrir? De pronto tuve una iluminación: ¡las nueces de cola! Mi actitud hacia Yacubu había cambiado del desprecio al amor al coger en la mano las nueces que me había regalado. Estaba claro que previamente las había embrujado y eran un talismán de amor. Sí, eso era. Ahora lo recordaba perfectamente. Todo había ocurrido la noche siguiente al encuentro en que me las regaló: al desvestirme para acostarme las había encontrado entre la ropa y las había guardado a mi lado toda la noche. El talismán había tenido suficiente tiempo para hacer su efecto. Algo había ocurrido dentro de mí aquella noche, durante la cual, en sueños, había sentido deseos de tratarlo con benevolencia, de amarlo. Y recordaba también que a la mañana siguiente anhelaba desesperadamente verlo, hacer el amor con él, y había buscado un pretexto para ir a su poblado y me había entregado a él por primera vez. No cabía duda. Ahora lo tenía claro, pero ¿cómo probarlo? Si se lo hubiera dicho a los agentes, ¿me habrían creído? Decidí, de todas formas, que al día siguiente hablaría con mi padre, al menos él sí me comprendería. Él y Alá.

Unos días después supe que también Yacubu había sido interrogado. Reconoció que se había acostado conmigo tres veces, aunque yo sabía que habían sido cuatro. El detalle no tenía importancia, pero me dio mucha rabia. ¿Cómo era capaz de no acordarse? ¿Tan poco le importaba yo? Me había utilizado, lo único que quería era aprovecharse de mí, esa era la verdad. Estaba indignada porque sabía también lo que significaba el hecho de que Yacubu lo admitiera: sí, durante el embarazo me tomaría a su cargo, se casaría conmigo, reconocería como suyo al hijo que esperaba y luego, cuando le diera la gana, me repudiaría. Lo odiaba. Tenía que hacer lo posible para evitar aquel matrimonio. Cuando hablé con mi padre, me desengañó:

—Safiya, no tienes más opción. Si no te casas con Yacubu podrías ser acusada de adulterio. La *sharía* prevé castigos muy severos para delitos como el tuyo. Él se ha comportado muy mal contigo, casarse es lo menos que puede hacer, te lo debe.

Me sentía entre la espada y la pared. Todo parecía conjurarse contra mí. En un repentino arrebato de rebeldía, furiosa y desesperada, rompí a llorar delante de mi padre, algo que, como mujer adulta, siempre había tratado de evitar. Él respondió cogiéndome de la mano, que era su gesto habitual cuando quería mostrarse solidario con alguien, y eso me produjo un gran alivio. Alá me hacía sufrir poniéndome a prueba, pero al mismo tiempo me consolaba con unos padres maravillosos.

Días más tarde fui convocada al tribunal que había de instruir el proceso. No tenía ningún inconveniente en ir, pero cuando me enteré de que Yacubu también estaría dudé. No quería verlo, temía perder la compostura y agravar aún más mi ya comprometida situación. Por otra parte, no presentarme era inconcebible. Me pasé días enteros repasando mentalmente el interrogatorio de los dos agentes para ver qué sería mejor, si confirmar mis respuestas o modificarlas, y tratando de imaginarme otras posibles preguntas. No quería que me cogieran desprevenida.

Llegado el momento, la emoción superó mis ansias de defenderme y decidí que no hablaría. Tal vez Alá quería que sufriera la enésima humillación en silencio. A esas alturas mi abultada tripa era notoria. En la sala de vistas me senté de manera que Yacubu pudiera verla bien. «Mírala, mira esta tripa, ¡miserable! —pensaba—, mírala. Es el fruto de lo que yo creía que era amor. ¡Tu hijo! Querías que abortase, que lo matara, pero yo lo amo y quiero que vea la luz del día, la vida, el sol y mi sonrisa de madre. Voy a tener este niño que para ti era solo un "problema" que deseabas quitarte de encima para volver a acostarte conmigo como con una cualquiera... Mirad todos a este hijo de mi vientre: no siento vergüenza, sino orgullo y amor. Alá ha querido que fuera concebido...»

Miles de palabras fluían en mi interior, pero no abrí la boca. Escuché dócilmente a los agentes. Pensé que me harían muchas preguntas, pero me equivoqué. Al único al que interrogaron fue a Yacubu, que recibió de manera oficial una recriminación por haber tenido una relación sexual conmigo. Era una recriminación meramente simbólica, yo lo sabía, no tenía que hacerme ilusiones: era evidente que allí la principal culpable era yo y el hecho de que no me hubieran interpelado lo confirmaba. Para mí era humillante e intolerable. Tenía ganas de levantarme, gritar, huir, pero me obligué a callar y no llorar. Quien sí habló fue Yacubu. Con aire serio y avergonzado, sin aquella sonrisa suya segura y cautivadora, reconoció que habíamos tenido relaciones sexuales y aseguró que se ocuparía del niño y de la madre y que se casaría conmigo. El caso estaba cerrado. Cuando nos despidieron, me fui sin saludarlo siquiera, asaltada por un alud de pensamientos dispares pero con un denominador común: el odio.

«No le han hecho nada. Quería que matara a nuestro hijo, y solo por eso y por el daño que me ha hecho tendrían que haberlo castigado. Pero no es así, en cambio, le ofrecen una salida. Y ahora este infame se presentará en mi casa para fijar la dote y las condiciones de la boda. Es una indignidad que este monstruo pueda profanar mi casa, que se acerque a una persona sagrada como mi padre... ¡Y pensar que deberé pasar también por eso!»

Pero las cosas no fueron así. Yacubu no vino a mi casa ni habló con mi padre. Y no fue solo eso, el escándalo tardó solo unos días en estallar: Yacubu se retractó de todo. Volvió a la comisaría de policía, anuló su declaración anterior e hizo una nueva. Según esta versión de los hechos, nunca me había conocido ni había tenido relaciones sexuales conmigo; era yo quien lo había inventado todo para conseguir marido. No me lo podía creer.

Mi caso era ya del dominio público, casi todos los conocidos que venían de visita traían nuevas noticias. Yacubu lo había desmentido todo aconsejado por su hermano. Yo sabía que este era un hombre influyente y temido en la región porque era rico y trabajaba en Sokoto, y seguramente Yacubu, persona débil e incapaz, se había puesto en sus manos para que lo sacara de apuros.

¿Qué significaba aquello? Que el caso se abriría de nuevo y que, con una simple declaración como aquella, el principal responsable quedaría libre. Yacubu no tendría que volver a sufrir interrogatorios, no sería acusado de nada y su reputación quedaría intacta. En cambio, para mí se iniciaba una tanda de interrogatorios, comparecencias y vejaciones que, lo sabía, podía acabar en una terrible condena.

Mi salvación durante aquellos días de miedo e incertidumbre fueron mis padres, que me apoyaron con una determinación impresionante. Aunque me sentía cada vez más débil físicamente conforme se acercaba el momento de dar a luz, la fuerza moral que me infundía su amor me convenció de que sería capaz de afrontar cualquier trance: diría la verdad y siempre con el corazón en la mano, pues tenía la conciencia limpia y tranquila. Y que ocurriera lo que ocurriese, la fiel sierva de Alá daría la cara.

Mientras tanto mi barriga seguía aumentando y yo podía notar los movimientos del pequeño que crecía en su interior. Aquella criatura era un don, una razón más para seguir luchando.

«Nace, pequeño, que tengo ganas de verte», le decía, acariciándome el vientre. «Tú me darás la fuerza para salvarnos a los dos. Te quiero, te quiero con toda mi alma... Eres mi nueva vida. Nace, por favor, y ven en mi ayuda. Cuando te tenga en brazos todo y todos me darán igual. Hablarán mal de mí, vendrán con nuevas noticias, verdaderas o falsas, para consolarme o asustarme, pero no les haré caso. Solo tú serás importante, pequeño mío. Solo escucharé tu voz, solo veré tu carita y te querré aún más. Te querré como si fueras mi único hijo y serás el más amado.»

Y por fin llegó el día del parto. Asistida por mi madre di a luz a una niña; una niña preciosa, sana y fuerte. La llamé

Adama. Para el mundo era la prueba de mi pecado, pero yo di gracias a Alá por habérmela concedido. Nada más verla sentí brotar en mi interior la certidumbre de que por ella sí valía la pena luchar: hasta el final y costara lo que costase.

Pocos días después mi determinación fue puesta a prueba. Estaba cuidando a Adama cuando llegó una comunicación oficial. Mi caso había pasado al Tribunal Islámico del distrito al que mi poblado pertenecía. La acusación era de adulterio. La condena prevista: lapidación.

10

EL PROCESO

Lapidación... ¿en qué consistía? Había oído hablar de eso a los ancianos del poblado cuando era niña. Ahora alguien quería que lo conociera en carne propia. Y solo por ser culpable de haber caído en la trampa de un hombre sin escrúpulos. Me enteré, aterrorizada, de que la ejecución se desarrollaba de una manera atroz: una vez enterrado el condenado, hasta la cintura si se trataba de un hombre, hasta el pecho si era una mujer, se le cubría la cabeza con un trozo de arpillera y a continuación todos los presentes le tiraban piedras hasta matarlo. Un detalle sobrecogedor: las piedras no debían ser tan grandes como para matar al reo al primer o segundo impacto, pues el tormento debía durar cierto tiempo, ni tan pequeñas que no causaran heridas ni dolor.

Aún no había sido sentenciada, pero aquella lluvia de piedras que me mataba se convirtió en una pesadilla recurrente: todos los días me despertaba desgarrada, escindida entre la angustia del futuro y la dicha de tener a Adama.

Y mientras la arrullaba y la amamantaba, mientras la mimaba y la abrazaba, no dejaba de preguntarme por qué existía tanta maldad en el mundo.

«Eres menuda, frágil y linda como una flor y estás tan indefensa como ella... Para salvarme tendría que haber hecho caso a aquel ser innoble que te engendró y haberte matado, pero no pude hacerlo y ahora este amor que te tengo puede costarme la vida. ¿Dónde está la justicia? ¿Cómo es posible que tú seas, hija mía, la razón de tanta iniquidad? ¿En qué clase de mundo puede un niño, el ser más puro e inocente que hay, convertirse en símbolo de una culpa que solo la muerte pueda expiar?»

Adama era una niña dulce y tranquila, solo con mirarla me sentía mejor. Todos mis buenos momentos, de alegría, de satisfacción, se los debía a ella, a ella y al amor de mis padres. A pesar de que aquella sombra oscura estaba siempre ahí, imprecisa pero no por ello menos inmediata y amenazadora...

«Se celebrará otro juicio, tendré que someterme a más preguntas embarazosas, pasar más vergüenza y humillación... Jueces desconocidos, personas que no conozco hurgarán y se ensañarán en mi vida privada y yo tendré que sufrirlo, dejarme despojar de lo más personal e íntimo... Volveré a ver a Yacubu, tendré que oír sus mentiras y los comentarios de la gente que le crea... ¿y luego? Luego los insultos, el escarnio y aquella lluvia de piedras que me matará y dejará sin madre a Adama...» Esto era lo que más miedo me daba: no morir, sino que mi niña, mi hija, se quedara sin mí, siendo tan pequeña e incapaz de sobrevivir, de defenderse...

¡No!, gritaba mientras dormía y murmuraba de día, presa de una rabia incontenible, tan intensa que a veces hacía que me revolviera secretamente contra mi padre.

«¡Con lo religioso y sabio que es y no hace nada para impedir todo esto! Sabe que ante Dios no soy culpable y conoce mi buena fe. Es anciano y un miembro de la comunidad religiosa reconocido y con autoridad, ¿por qué no hace nada? ¿Por qué no protesta? ¿Por qué no va a ver a los jueces y les explica todo? Si lo hiciera, seguro que archivarían el caso... y yo quedaría libre, libre para seguir viviendo con Adama...»

Pero entonces volvía a la realidad. Nadie podía evitar que fuera juzgada, ni siquiera mi padre. Tenía que defenderme yo, esgrimir mis razones, evitar a toda costa que me lapidaran.

Llegué solo en parte preparada al juicio. Antes de que Adama naciese, había comparecido dos veces ante el Tribunal Islámico: en la primera ocasión el juez se había limitado a interrogarnos a Yacubu y a mí, que dimos versiones completamente distintas e irreconciliables. En la segunda audiencia, que solo consistió en nuestra comparecencia, el juicio quedó aplazado hasta que naciera mi hijo. Las dos veces fue todo muy rápido, visto y no visto. Con esta tercera audiencia, en cambio, empezaba la parte más difícil del proceso, que podía ser decisiva para mí. Estaba emocionada y preocupada, pero también decidida a defenderme. Consideraba a Adama, una recién nacida ignorante de lo que pasaba a su alrededor, mi mejor argumento: si a Yacubu le quedaba un poco de sensibilidad, pensé, al ver a nuestra hija se echaría atrás: la reconocería, admitiría haber tenido relaciones sexuales conmigo y se avendría a casarse y salvarme de la lapidación. Y si así fuera, yo solo aceptaría el matrimonio para no ser condenada: a esas alturas la idea de vivir con un inútil, un ser pusilánime e incapaz como Yacubu me resultaba intolerable. La presencia de Adama, además, pensaba yo, influiría sin duda también en el juez, que se preguntaría cómo era posible arrebatarle a una recién nacida el cariño de su madre.

La sala del tribunal estaba repleta. Hice mi entrada orgullosa de llevar en brazos a mi pequeña, a la que sostenía de manera que todo el mundo la viera. Adama dormía y aunque aquel iba a ser uno de los momentos más dramáticos de mi vida, cada vez que la miraba era como si no existiera nadie más. Su carita me tenía embelesada y su respiración, regular y tranquila, me infundía una gran confianza. Tenía la impresión de que los presentes no podían menos de experimentar mis mismos sentimientos.

Entró el juez, flanqueado por dos asistentes. Todo el mundo se puso en pie y tras la lectura de varios versículos del Corán y algunas formalidades procesales dio comienzo la audiencia. Yacubu estaba sentado justo enfrente de mí. No quise mirarlo directamente, pero de reojo pude ver que parecía preocupado: tenía la boca medio abierta, la mirada clavada en el juez y la misma expresión alelada de cuando le dije que estaba embarazada. Detrás de él estaba su hermano, el hombre rico e influyente que lo había convencido de que cambiara su declaración y negara cualquier responsabilidad. Estaba sentado bien erguido, seguro de sí mismo, como pez en el agua. Viéndolo, me preguntaba si sabía de veras qué estaba haciendo. «¿Cómo se puede ser así? ¿Se da cuenta de que por su culpa puedo acabar muerta a pedradas? ¿De que una niña se quedará huérfana de madre?»

El juez tomó la palabra. De una carpeta sacó unos folios, dijo mi nombre y me pidió que escuchara con atención. A continuación leyó en voz alta mis declaraciones anteriores y me preguntó si quería confirmar, cambiar o desmentir mi versión de los hechos. Yo la confirmé sin dudarlo: sí, Yacubu y yo habíamos tenido relaciones sexuales en cuatro ocasiones; sí, en su casa; sí, me había prometido que se casaría conmigo; sí, el padre de Adama era él sin ninguna duda.

El juez sacó entonces unos cuantos folios más y se dirigió a Yacubu. Cuando leyó la declaración, sentí de nuevo un arrebato de indignación y de rabia: no me conocía, no había tenido relaciones sexuales conmigo, no admitía ser el padre de Adama.

Yacubu debía confirmar o desmentir aquella declaración, pero solo de oírla me llevaban los demonios. Tenía a Adama en brazos, y trataba de sujetarla de manera que se la viera bien y que él la mirase: «Mírala, venga. Es hija tuya. Mírala y a ver si tienes aún valor para mentir y renegar de ella delante de todos». Pero él seguía con la mirada fija en el juez, quien al terminar de leer su declaración le preguntó si quería confirmarla, como había hecho conmigo.

—Sí —susurró Yacubu. El juez le pidió que lo dijera más alto—. ¡Sí!

Lo odiaba, me habría puesto a gritar e insultarlo, pero me limité a abrazar a Adama con fuerza, quizá con demasiada fuerza, tensa como estaba, pues mi hija se despertó y rompió a llorar. Su llanto resonó por toda la sala, un llanto agudo y desconsolado, como si la pequeña hubiera comprendido que su padre la negaba, condenándonos a mí a la muerte y a ella a un futuro incierto.

El juez interpeló de nuevo a Yacubu para llamar su atención, se puso en pie y, dirigiéndose al público, dijo:

—¿No les parece que esta niña es el vivo retrato de su padre, Yacubu, presente en esta sala?

La esperanza invadió mi corazón. Adama era realmente mi salvación, el juez había entendido y estaba de mi parte. Alcé a Adama, que seguía llorando, para que todos, el juez, el público, Yacubu y su hermano, la vieran. En la sala se había hecho un silencio casi absoluto, que solo el llanto de Adama rompía. El juez permanecía de pie, señalando con el dedo a Yacubu.

Al cabo de unos minutos el magistrado lo llamó por su nombre, le pidió que mirase a la niña y volvió a formularle la pregunta:

—¿Confirmas la declaración que acabo de leer?

De nuevo se hizo el silencio. Incluso Adama había dejado de llorar y parecía esperar con la respiración en suspenso la respuesta de su padre.

Por primera vez miré a Yacubu a la cara. Parecía una estatua de piedra, hundido en su asiento. No contestaba. Su hermano, que estaba detrás, se inclinó hacia delante y le susurró algo al oído. El juez impuso silencio y Yacubu dijo:

—Sí, la confirmo.

Un murmullo alborotado se difundió por toda la sala; creí que me desmayaba. Todo me parecía irreal, aquello no podía estar ocurriendo, el juez no podía permitirlo. «Ahora ordenará que lo metan en la cárcel, por mentir abiertamente. Quedarse tan tranquilo viendo a su hija y condenándome a morir lapidada... ¡Y yo que le entregué mi corazón y mi cuerpo!» No pude más y rompí a llorar.

El juez restableció la calma y declaró que no dictaría sentencia. Consideraba que el caso era muy delicado y prefería trasladarlo a otro tribunal, la Corte Suprema de la Sharía de Sokoto. Acto seguido dio por terminada la sesión.

El público se fue. Yo seguí en la sala vacía, llorando de rabia y de miedo, doblada en la silla, bien apretado contra mi pecho el cuerpecillo de Adama.

—Va, Safiya, vámonos...

Mi padre. Había venido conmigo y ahora me alargaba la mano para que me levantara. Até a Adama a mi espalda y juntos nos dirigimos a Tungan Tudu. Ya no caminaba un paso por detrás de él, sino a su lado, pues debía guiarlo. Su amor me conmovía. Mi pobre y querido padre, débil, enfermo y casi ciego, pero siempre presente y afectuoso... En el camino no pronunciamos una sola palabra pero, al llegar a casa, él, en lugar de encerrarse en el cuarto de la oración, se quedó conmigo.

—Ten confianza, Safiya —me dijo—. Alá sabe lo que hace. Aún no hay ninguna sentencia, serán otros jueces los que la dicten. Esperaremos tranquilos.

Sus palabras me confortaron. Liberé a Adama de las telas con las que la ataba a mi espalda y de nuevo me apaciguó contemplar su belleza. Tenía miedo, lo ocurrido en la sala del tribunal me había trastornado, pero en los ojos de mi pequeña brillaba la luz de la esperanza. Me aferré a aquel hilo delgado pero resistente y por enésima vez di gracias a Alá por haberme dado a aquella hija. Más confiada, me dispuse, pues, a esperar.

Al cabo de unas semanas vino a casa un mensajero del tribunal: tenía que presentarme el 3 de julio de 2001 para la primera audiencia.

Fue una espera angustiosa, caracterizada por una pesadilla recurrente que me obsesionaba cada noche: de cara a occidente, por tanto hacia la parte opuesta a la de La Meca, que es donde hay que mirar cuando se reza, con rabia y llorando, lanzaba piedras al vacío hasta quedar rendida y perder la sensibilidad en manos y brazos; el sueño terminaba ahí, pues yo me despertaba sobresaltada, sudada y aterrorizada. Casi todas las mañanas mi madre me decía que por la noche había gritado.

Ir a Sokoto significa soportar tres largas horas de viaje a través de la sabana en un autobús lleno hasta los topes, pues pasa por todos los poblados y recoge a todos los que tienen que ir a la ciudad.

El 3 de julio monté en aquel autobús, con Adama atada a mi espalda y sosteniendo a mi padre, que también esa vez había querido acompañarme.

Ya conocía la ciudad, pero aquella mañana Sokoto me pareció un lugar hostil, donde todos conocían mi caso y me miraban con malos ojos.

Una gran multitud ocupaba la sala. Mi caso había tomado un cariz político. Aunque no entendía mucho de esas cosas ni me interesaban, sabía que había políticos partidarios de que me condenaran porque eso contribuiría a reforzar la aplicación rigurosa de la ley islámica en la región, mientras que otros, más moderados, defendían la conveniencia de ser más tolerantes, a fin de que nuestro estado no se diferenciara tanto de otros estados de Nigeria, en los que regían leyes distintas.

En cualquier caso, a mí me importaba más mi situación personal. Con sus declaraciones, Yacubu se había librado prácticamente del proceso y no tendría que responder a las preguntas de ningún otro juez. Esto me ponía furiosa, pero sabía que no se podía hacer nada. Todos mis esfuerzos debían concentrarse en la defensa. Por mí y sobre todo por Adama.

Al entrar en la sala vi a mi hermano Mohammadu Sani, que estaba sentado entre el público. Sus relaciones con la familia se habían deteriorado en los últimos años. Se había casado y formaba parte de un grupo político de extremistas islámicos. Desde entonces cuando venía de visita criticaba nuestra forma de vida que, según decía, no respetaba plenamente los preceptos religiosos del islam: las mujeres rezábamos poco, llevábamos el velo mal puesto, pues dejaba al descubierto el cabello, y salíamos demasiado de casa. Incluso en alguna ocasión, de forma absurda, había criticado a nuestro padre, lo que nos indignaba a todos, pues en casa nadie era tan respetuoso y genuinamente fiel al islam como él... Al ver a mi hermano en la sala ingenuamente pensé que había venido a prestarme apoyo moral y lo miré esperando que me saludara; él, sin embargo, simuló no haberme visto. Perpleja, tomé asiento en silencio.

La razón de la presencia de mi hermano en la sala me resultó por desgracia evidente desde el comienzo de la audiencia, cuando el juez pronunció su nombre y le pidió que expusiera los motivos y las circunstancias de su denuncia.

Recuerdo que di un respingo, como si me hubieran dado un bofetón. ¡¿Denuncia?! ¿Qué denuncia? ¿Se refería a que el culpable de todo lo que me estaba pasando era mi hermano? ¿Él, el pequeño Mohammadu al que tantas horas de mi infancia había dedicado, cuidándolo, alimentándolo y entreteniéndolo? ¿Él me había hecho eso a mí, a su hermana? No, debía de tratarse de un error.

Pero Mohammadu se puso en pie y, como portador de una misión sagrada para el bien común, habló. Con seguridad y sin traslucir la menor emoción enumeró hechos y circunstancias: que se había dado cuenta de que yo estaba embarazada una vez que vino a casa de visita y lo había considerado una violación de la *sharía*, que debía ser denunciada ante el tribunal encargado de velar por el comportamiento religioso de los ciudadanos. Lo escuché conmocionada y cuando terminó contemplé su rostro, pero tampoco esta vez se dignó mirarme. Con un pesar inmenso pensé en mi padre, que estaba también sentado entre el público. Aunque su ceguera le impedía ver a Mohammadu, nada le evitó el dolor de oír a su hijo acusar a una hermana. Me sentí tan dolida por él y por la traición de mi hermano, que rompí a llorar.

Aquellas lágrimas no fueron las únicas en los cuatro meses que duró el juicio. Las sesiones eran agotadoras y tendían a establecer con exactitud hechos y circunstancias. De nuevo fui llamada a declarar, a abrir mi alma de par en par, a sufrir interrogatorios humillantes que se llevaban a cabo sin miramientos hacia mi persona. Sesión tras sesión me vi obligada a revelar los secretos más íntimos de mi vida a personas desconocidas. Mis reiteradas acusaciones contra Yacubu no servían de nada, pues como él había negado conocerme, los jueces querían que yo les diera otro nombre, el del verdadero padre de Adama. Nombre que yo no podía dar, pues no existía otro padre de Adama.

El proceso concluyó en octubre. El juez se abstuvo de

dictar sentencia hasta haber consultado con colegas y sabios.

Nuevamente no pude hacer otra cosa que esperar. Pero al contrario de otras veces, ahora sabía que no tenía muchas esperanzas. Los hechos hablaban en mi contra: yo me había quedado embarazada y había dado a luz a una hija fuera del matrimonio, luego era sin duda culpable de adulterio. Mi destino estaba, pues, en manos de Alá. Confiando en Él y rezando esperé la sentencia.

Noche. Voces quedas, resplandor de fuegos, el poblado tranquilo, las familias reunidas, serenas, sin miedo. Menos la mía. Adama dormía en mis brazos.

Yo pensaba. En el pasado, en el presente. Y en el futuro, que no quería conocer.

—Safiya...

Mi padre, la voz débil, impreso en la cara el sufrimiento. Entendí enseguida.

—¿El tribunal? ¿La sentencia?

—Sí, hija mía. Acabo de enterarme...

—¿Y bien?

Lo pregunté, pero ya lo sabía. Su expresión, el esfuerzo evidente por hablar sin ceder a la conmoción, me lo habían dado a entender. Y ahora, antes de que hablara, me lo decía también su mano descarnada, que posó en la mía a fin de darme valor para no caer fulminada por la noticia horrenda, inconcebible e inhumana:

—Pena capital, Safiya. Lapidación...

Se acabó... Inerte, pasiva, ni lloré ni grité. Dejé que mis padres me abrazaran, fingí escuchar sus palabras de aliento, sus afirmaciones de que no todo estaba perdido y era posible recurrir la sentencia, de la infinita bondad de Alá... Dejé que hablaran.

«Van a matarme...», era en lo único que podía pensar, «van a matarme...»

Y, aturdida, volví junto a Adama y Aisha, la hija que tuve con Mohammed, la única de mis siete hijos que vivía conmigo. Sentada en la estera, quise pensar con lucidez, pero me era imposible: el terror del castigo era más fuerte que cualquier otro empeño.

Lapidada, muerta a pedradas, era demasiado espantoso... «Voy a morir, voy a morir...» Aisha dormía. Adama, en mis brazos, se chupaba un dedo; ajena a todo, serena y tranquila como siempre, mi ángel... Como tantas veces en los meses anteriores, reaccioné por ella. No podía darme por vencida así como así.

«Tengo que salvarme y la única manera es escapar... Debo irme enseguida de aquí, mejor ahora que es de noche.

Y mañana, cuando se den cuenta de que me he ido, estaré ya lejos... Deprisa, deprisa... Tengo que salir corriendo del poblado...»

Me moví con sigilo y rapidez, de nuevo decidida y consciente de lo que hacía. Me llevaría solo a Adama, Aisha tenía once años y para lo más básico sabría cuidar de sí misma, del resto se ocuparía mi familia. En ese momento sabía qué hacer y me sentía con nuevos ánimos: estaba empuñando las riendas de mi destino, Alá me guiaría.

Llené dos pequeños odres con agua y leche, preparé unos hatos con comida: carne seca, un poco de *fura* —la harina de mijo— y *kulikuli* —el dulce seco de cacahuetes que se conservaba durante muchos días—, até a Adama a mi espalda y luego, implorando la bendición de Alá, de puntillas y sin mirar atrás en ningún momento, salí de mi casa y me alejé del poblado. Para escapar de la muerte debía dejar atrás lo que siempre había sido mi vida.

11

IMAM

La huida por la sabana había puesto en peligro mi vida. La insensatez de aquel gesto intrépido me resultó evidente cuando me vi segura en casa de mi tío, en Jinjina. Ahí, saciadas el hambre y la sed y más tranquila, reviví mentalmente el largo camino recorrido durante tres días sin meta ni esperanza; la desolación de sentirme sola y traicionada, condenada injustamente y abandonada; el terror que había sentido al ver que el agua, la leche y la comida que llevaba se habían acabado y comprender que si no encontraba pronto algo con que alimentarla, Adama moriría; la impotencia paralizante de saber que no podía pedir ayuda a nadie si no quería que me denunciaran; la debilidad creciente, mi caminar inseguro, Adama atada a mi espalda y bajo cuyo peso, que parecía aumentar a cada paso, mis piernas cedían y yo caía al suelo, ese suelo de tierra roja y reseca por el sol al igual que mi garganta y mis ojos, ojos sin lágrimas ya para llorar; la desesperación de ver desaparecer en el horizonte a aquel pastor con su rebaño sin poder pedirle ayuda; la certeza de que Adama acabaría también pereciendo y que para salvarla tendría que entregarme; el paso de las noches y los días, la desorientación, el agotamiento...; el alivio inconcebible de beber ávidamente el agua de aquel pozo que encontré cuando estaba ya al límite de mis fuerzas, el progresivo retorno a la vida y la lucidez..., y, por fin, un mensajero de la salvación, aquel gigantesco baobab que había surgido de pronto ante mí, árbol deforme y retorcido pero una visión maravillosa porque me anunciaba la salvación: el camino a Jinjina...; el último esfuerzo para llegar allí, paso tras paso, ruego tras ruego...; los rostros atónitos de los ancianos sentados a la puerta de sus casas al verme pasar con mi hija tambaleándome en dirección a la casa de mi tío, en cuyos brazos finalmente me había echado... Alá me había guiado, sin duda alguna. Si no hubiera sido por él, Adama y yo habríamos muerto en la sabana.

Siguiendo los consejos de mi tío, al día siguiente volví a Tungan Tudu, con mis padres, que ya me creían perdida para siempre, y decidí que, pasase lo que pasase, no volvería a separarme de ellos nunca más.

La huida me había dejado exhausta. Fue una idea absurda, ahora lo sé. Era verdad que estaba condenada a la lapidación, pero esta solo se ejecutaría por sentencia del juez después de la lactancia y si un recurso de apelación no la revocaba antes. La batalla aún no había terminado, lo único que tenía que hacer era luchar a brazo partido y no dejarme abatir por el miedo ni el desaliento. Y en eso mi familia era el mejor aliado. Hoy me pregunto qué habría hecho sin su apoyo. Podía sentir a mi alrededor el calor y el amor de todos mis parientes: padres, hermanas, tíos y primos, incluso familiares lejanos, todos condenaban a Mohammadu por haberme denunciado a las autoridades y haber desencadenado aquel infierno. Lo de mi hermano me había dolido muchísimo. Recordaba que de niño lo ataba a mi espalda como lo hacía nuestra madre, recordaba las caricias y mimos que le había prodigado a manos llenas, las largas horas que había pasado con él solo para entretenerlo. ¡Cuánto nos queríamos entonces! Yo vivía para él, le había sacrificado gran parte de mi infancia. ¿Cómo había podido hacerme algo así? Yacubu no era, a la postre, más que un extraño, y que me hubiera traicionado tampoco resultaba tan sorprendente, pero Mohammadu era mi hermano, llevaba mi misma sangre... El daño que me había hecho me dolía como si me lo hubiera infligido un hijo mío... Desde la sesión del juicio en la que afirmó que había procedido en justicia por haberme denunciado no había vuelto a verlo. Me preguntaba qué haría si lo viera. ¿Sería capaz de dirigirle la palabra? ¿De perdonarlo?

No lo sabía, no tenía la menor idea. Le habría pedido explicaciones, eso sí. Y me imaginaba lo que le diría: «¿Por qué me has denunciado? ¿Te das cuenta de lo que has hecho? Puede que muera por tu culpa. Mira esta niña. Adama es tu sobrina, un ser pequeño e indefenso. ¿Crees de verdad que Alá considera la existencia de esta criatura un pecado tan grave como para que su madre sea lapidada?». Pasaba los días sumida en una tristeza infinita, hasta que de nuevo volví a abrigar esperanzas, y una vez más me las dio mi padre. Una mañana, después de la oración, me llamó a su cuarto y me dijo:

—Safiya, nuestra familia es pobre, pero hemos decidido recurrir la sentencia. Se necesita mucho dinero porque habrá que pagar a un abogado, pero todos nuestros parientes, incluidos los primos lejanos y tus cuñados, se han comprometido a ayudar. Iremos a Sokoto en busca de un abogado, el mejor que podamos permitirnos. Alá ha escuchado mis ruegos: toda la familia se ha unido para defenderte e intentar salvarte.

Tras varios viajes a Sokoto e intercambios de información entre familiares y conocidos, la elección recayó sobre Abdulkadir Imam Ibrahim. Era un abogado que había estudiado en Lagos y ejercido en el norte del país, por lo que era de esperar que supiera manejarse hábilmente con las infinitas argucias no solo de la legislación federal, sino también de la tradicional y sobre todo de la islámica, que era la que había determinado mi condena.

El día de la primera cita en su despacho estaba muy emocionada. Iba a conocer al hombre que podría salvarme y permitir que Adama creciera junto a una madre que la educara y protegiera. Me sentía además muy cohibida, por no decir temerosa. Yo era una mujer de un poblado de la sabana y no tenía ningún conocimiento de leyes, aunque lo que más me intimidaba era el hecho de enfrentarme a un abogado, un hombre de leyes, un personaje sin duda influyente al que, para empezar, tendría que convencer de mi inocencia. Si no me creía no podría defenderme, y yo estaría perdida. Temía no saber comportarme ante él, cometer algún error y perder así, de entrada, toda posibilidad de ganarme su confianza y simpatía. Por otra parte, deseaba con todo el corazón estar a la altura de las circunstancias, pues era el único modo de ganar mi batalla por la vida. Me armé de valor, recé a Alá y en compañía de mi padre y de uno de mis cuñados me presenté a Ibrahim, el abogado.

Abdulkadir Imam Ibrahim nos esperaba de pie al otro lado de su mesa. Por todas partes se veían documentos y volúmenes. Nunca en mi vida había visto tanto folio escrito ni tanto libro, y pensé que aquel hombre era la persona más apta para encargarse de mi caso. Tenía que haber estudiado mucho y conocer bien lo que era la vida. Él sabría sin duda qué hacer para salvarme.

Imam se mostró enseguida atento. Me pidió que le contara lo que había pasado y me escuchó con gran atención, tomando notas y haciéndome preguntas de vez en cuando. Todos mis temores fueron disipándose y llegué a sentirme a gusto. El hecho de que se mostrara más interesado por lo que yo decía que por los comentarios de mis dos acompañantes varones me causó una impresión muy positiva. Suponía mucho, pensé, considerando que en un país islámico las mujeres, aun estando directamente implicadas en un asunto, somos siempre menos escuchadas y comprendidas que los hombres. Recordaba además lo mucho que me había indignado que, durante la sesión del juicio, el juez no se hubiera dirigido a mí en ningún momento.

Conforme pasaba el tiempo sentía cada vez más confianza en Imam y me parecía que también su interés por mi caso iba en aumento. Para terminar aquella primera entrevista nos dijo que se daría prisa en presentar el recurso de apelación dentro del plazo, nos dio cita para el día siguiente y nos despidió explicándonos que necesitaba tiempo para redactar el recurso, al que pensaba dedicar, añadió, toda la tarde. Esto también me inspiró confianza: se tomaba en serio mi caso, algo que ningún otro extraño había hecho hasta entonces.

Al día siguiente nos recibió con una gran sonrisa. Tenía en la mano una copia del recurso que había presentado, y mientras nos la enseñaba nos dijo:

—Hoy iniciamos una larga batalla que no será fácil ganar. Hay quien quiere abandonar nuestra tierra en manos del integrismo islámico y hace presión para que la sentencia sea ejecutada.

Se sentó entonces a la mesa e inclinándose hacia mí trató de explicarme lo que hasta ese momento me había resultado incomprensible o ajeno: la injerencia de la política en casos como el mío.

—Ya ves, Safiya, que no se trata de combatir contra el islam, el Profeta o nuestro Dios. Está claro que Alá no quiere tu muerte y sabe que eres una sierva fiel. Pero tu caso se ha convertido en una cuestión política, una lucha entre hombres que se valen de nuestra religión para conseguir más poder. Y ahora estás en medio del campo de batalla, has dejado de ser Safiya Hussaini Tungan Tudu, madre de una graciosa niña de ojos preciosos. Te has convertido en un símbolo. Si Safiya muere lapidada, uno de esos grupos gana la partida. Y si Safiya se salva, gana el grupo contrario. ¡Nosotros tenemos que vencer esta lógica y demostrar que los mecanismos de la política no pueden destruir vidas humanas!

Hablaba con gran convicción y yo lo miraba, tratando de concentrarme en sus reflexiones. No acababa de entenderlas bien, pero me fascinaba su manera de hablar. Creía de verdad en la posibilidad de ganar, de salvarme. En aquel momento también yo empecé a creerlo firmemente.

En la despedida me lo confirmó.

—Lo conseguiremos, Safiya. Ahora puedes irte, tengo que estudiar a fondo tu caso y elaborar una línea de defensa. Vuelve a tu poblado y ten confianza.

Mientras lo decía se nos acercó rodeando la mesa y, para despedirse de Adama, le dio un leve toque en la mejilla, que la hizo llorar. La cosa produjo la hilaridad general.

Por primera vez desde hacía mucho volvimos a Tungan Tudu rebosantes de optimismo y después de tanto tiempo pude deleitarme en la contemplación de aquel paisaje que tanto amaba: la sabana color ocre, los baobab que de niña tanto inspiraban mi imaginación y que yo transformaba en personajes de fábula... Por la ventanilla del autobús podía ver los pastores que apacentaban sus rebaños, las mujeres que llevaban pesadas cargas en equilibrio sobre la cabeza, grupos de críos que esperaban a que pasara algún coche para correr detrás de él excitados y gritando...

«Dentro de unos años también Adama jugará como ellos

—empecé a pensar—. Aunque tendré que educarla para que aprenda a divertirse con juegos más apropiados para una niña. Y algún día tendré que explicarle que una mujer tiene que llevar velo y estar dispuesta a entregarse en cuerpo y alma a la casa y la familia... Y luego...» De pronto interrumpí esas reflexiones, sorprendida por un hecho maravilloso: ¡estaba pensando en el futuro! Desde mi condena el futuro había dejado de existir para mí, era como si me lo hubieran arrebatado en el mismo momento de dictarla. Ahora, en cambio, volvía a aparecer en el horizonte. Conocer a Imam me había ayudado a superar el miedo y me había dado nuevas esperanzas.

Un niño que estaba a la vera del camino agitó la mano a nuestro paso para saludarnos. Otro buen presagio... Le sonreí y miré a Adama. Mecida por los vaivenes del autobús, se había entregado al sueño y dormía plácidamente.

«Sí, duerme tranquila, puedes hacerlo. No tengas miedo de nada. Ni siquiera tu madre siente ya temor, ¿lo ves? Tu mamá puede volver a tener esperanzas. ¡Qué bonito es tener esperanzas! Te abren el corazón, te dan fuerzas, te animan a seguir adelante. Algún día también tú lo entenderás. Ahora duerme. Duerme y sueña con los angelitos, hija mía...»

12

PRESAGIOS

Tras la entrevista con Imam, vivir en casa de mis padres me resultaba nuevamente agradable. Claro que aún no estaba a salvo, la lapidación seguía siendo una sombría amenaza, pero ahora tenía una esperanza de futuro.

Las relaciones con mis padres eran mejores de lo nunca imaginado. Aunque los dos se mostraban muy amorosos y atentos conmigo, quien me impresionaba hasta conmoverme era mi padre: increíblemente, él, un hombre que se había pasado toda la vida midiendo las palabras hasta el punto de que a menudo deseaba oír su voz, se había vuelto locuaz conmigo. No sabía si aquel cambio se debía a la enfermedad de sus ojos, que lo había privado casi por completo de la vista, o al nuevo y apasionado clima de solidaridad que había unido a toda la familia en apoyo de mi causa, con tanta entrega que me sentía defendida y protegida como por un regimiento.

También mi madre, siempre parca a la hora de mostrar su afecto, había cambiado. A veces se encargaba de todas las faenas de la casa, me liberaba de cualquier obligación y, cuando yo cocinaba, me felicitaba por los platos que había preparado. Adama y Aisha completaban el panorama de esa nueva armonía. Dicen que en una casa no hay felicidad sin niños y en aquellos días vi lo cierto que era. Aisha, que tenía once años, intuía la trascendencia del momento que vivíamos y procuraba ser útil por todos los medios, incluso me pedía que le confiara alguna tarea cuando no tenía nada que hacer. Y en cuanto a Adama... Adama era lo que se dice un regalo de Alá: benjamina de la familia, dulce, risueña y tranquila, prodigaba amplias sonrisas y casi nunca lloraba. Clavaba un momento sus ojazos negros, muy expresivos y luminosos, en cualquiera que se le pusiera delante y enseguida una radiante sonrisa iluminaba su linda carita. Tenerla a mi lado, cuidarla, acariciarla, hablarle me llenaba de amor y me hacía sentir optimista. A veces me acordaba de aquel toquecito que Imam le había dado en la mejilla: ella, asustada por ver aquel hombre tan distinto de los del poblado, se había puesto a llorar, pero yo esperaba que también ella confiara ciegamente en él, como todos nosotros.

Ideas como esta, detalles en apariencia triviales, me sumían a menudo en largas reflexiones. Quizá era mi modo de dar cabida a la esperanza: pensar en las pequeñas cosas de todos los días me distraía de la preocupación obsesiva por mi futuro. Y el hecho de que antes de conocer a Imam no pudiera hacerlo era una prueba más de hasta qué punto contaba con él.

Por aquellos días ocurrió algo que contribuyó a darme confianza en el futuro. Mi madre me dijo que Safiya, la amiga a la que me había sentido tan unida en la infancia, vendría a Tungan Tudu y quería verme. Me sentí muy feliz y no pude menos de recordar los momentos alegres de nuestra niñez, cuando a los pies de un árbol dábamos rienda suelta a nuestra imaginación. «Safiya...» Me vino a la memoria la carita embelesada y los ojos muy abiertos con los que escuchaba las historias que yo inventaba y le contaba. Y me acordé también del día en que me casé, cuando, de camino a casa de Yussuf, vi cómo me saludaba desde nuestro árbol y no pude evitar echarme a llorar. No había vuelto a verla. No sabía qué había sido de ella, si se había casado, si había tenido hijos, si era feliz o si la vida le había deparado sufrimientos y dolores como había hecho conmigo. ¡Y ahora la vería! Me parecía imposible. Aquellos momentos de la infancia estaban tan lejos que cuando pensaba en ellos me parecían un sueño, algo que no estaba segura de haber vivido. Pero no. Safiya, mi amiga, mi confidente, existía y pronto sabría de su vida.

Cuando la vi me sentí decepcionada. Dos profundas arrugas surcaban sus mejillas y bajo el velo y el vestido que lo cubrían se le adivinaba un cuerpo pesado. Esperaba ver a la grácil Safiya de otro tiempo, a la niña graciosa y llena de curiosidad con la que había jugado, y en cambio me encontraba con una mujer adulta, marcada por los años y por cinco embarazos. Llevaba atado a su espalda a su último hijo, de dos años, pese a que ya era grandecito y pesaba lo suyo. Nos dimos un largo abrazo sin pronunciar una sola palabra. Ni siquiera evocamos nuestra infancia, como si fuera algo impropio en dos mujeres de nuestra edad que tienen otras cosas en que pensar. Safiya no había sufrido tanto como yo, pero también con ella la vida había sido dura. Se había casado con un hombre que vivía en un poblado bastante alejado de Tungan Tudu y, aunque no la había repudiado, tampoco se había mostrado cariñoso con ella. Estábamos solas y me lo contó con la confianza de antaño. Su marido, me dijo, nunca la había tratado bien y nada de lo que ella hacía le gustaba. A menudo le pegaba y le daba igual que los hijos no la respetaran como es debido. Esta actitud inducía a la familia de él a faltarle también al respeto y a gritarle en ocasiones. Mientras me contaba todo esto, notaba que se me saltaban las lágrimas. Mi amiga del alma, tal vez al ver lo afectada que empezaba a sentirme, cambió de tema y se interesó por mí. Le conté mi historia y me di cuenta de que conforme yo hablaba ella asentía como si ya lo supiese todo. Al final nos fundimos en un largo abrazo. Nos despedimos sin desearnos buena suerte, pues las dos sabíamos que no era necesario: cada una quería el bien y la felicidad de la otra, como en los viejos tiempos que, lo sabíamos, ya no volverían. Cuando la vi alejarse por el sendero, tambaleándose bajo el peso de aquel chiquillo de dos años, las lágrimas volvieron a asomarse a mis ojos. Yo sabía que había venido a verme sin que lo supiera su marido, quien, de haberse enterado, le habría pegado. Una esposa musulmana fiel no puede ir a ver a una adúltera condenada a la lapidación.

Mi confianza en el futuro se afianzó también gracias a los sueños. Dejé de tener la horrible pesadilla en la que me veía arrojando piedras al vacío o aquella otra, aún más sobrecogedora y significativa, en la que grupos de niños gritando se ensañaban a pedradas con una serpiente que yacía sobre la tierra roja. Empecé a tener sueños tranquilos y a revivir episodios del pasado. Y una noche que me acosté después de haber charlado con mis padres más de lo habitual tuve un sueño delicioso, lleno de buenos augurios. Recuerdo que antes de dormirme había acomodado a mi lado a Adama, que se había adormecido en mi regazo, y me había quedado dormida escuchando su respiración regular.

En el sueño me veía a mí misma deambulando antes del amanecer por las calles aún desiertas de una ciudad que quizá fuera Sokoto; en cierto momento sentía que debía hacer algo e, irrumpiendo en las casas de todos los jóvenes, empezaba a despertarlos diciéndoles que Alá los llamaba. Los jóvenes me seguían hasta un descampado donde, a petición mía, entonaban tres veces seguidas la oración del Profeta, tras lo cual la luz lo iluminaba todo y yo me elevaba hacia el cielo subida a algo indefinido que flotaba. Al llegar arriba me encontraba en presencia de un grupo de hombres blancos que escribían absortos y se hablaban en voz baja, como si estuvieran haciendo algo importante. Como no entendía lo que decían, me quedaba a cierta distancia, en actitud respetuosa, convencida de que no tardarían en darse cuenta de mi presencia. Y, en efecto, al poco rato, los hombres, que parecían haber terminado alguna de sus tareas, reparaban en mí y sin mostrar sorpresa me miraban como si hubieran estado esperándome. «¿Eres tú, Safiya?», me preguntaba el más anciano. «Sí», contestaba yo. «Puedes irte, no te pasará nada.» Yo, más tranquila aunque no del todo confiada y feliz, volvía a montar en el misterioso objeto volador y seguía mi ascensión hacia el cielo y la luz. De nuevo llegaba a presencia de un grupo de hombres, esta vez árabes, que también estaban escribiendo y consultaban gruesos volúmenes de páginas amarillentas. Al igual que ante los otros, me quedaba esperando, confiada.

Y como aquellos, tampoco estos me miraban. Enfrascados en algún problema de difícil solución, señalaban los libros y los folios y se exhortaban a leer los unos a los otros. De pronto el más anciano se ponía de pie y todos los demás dejaban en el acto de murmurar. El hombre, libro sagrado en mano, me miraba con la expresión de quien va a comunicar una buena noticia y, como el anciano anterior, me preguntaba: «¿Eres tú, Safiya?». «Sí», contestaba yo. «Puedes irte, no te pasará nada.» En aquel «nada» me desperté. Era aún plena noche, la luz de la luna se filtraba en el cuarto. Me sentía serena y en paz conmigo misma. A mi lado oía la respiración tranquila de Adama. Me pregunté si no estaría ella soñando también: a lo mejor en su sueño jugaba con otros niños y yo aparecía a un lado contemplándola, arrobada por su infinita gracia.

Recorrí el cuarto con la mirada: al igual que mi sueño y la respiración de mi hija, también me tranquilizó ver los objetos de uso cotidiano que colgaban de las paredes: recipientes, cazuelas y odres de agua. Volví a dormirme preguntándome si todo aquello no sería símbolo de la continuidad de mi vida.

Tuve el mismo sueño la noche anterior a otro acontecimiento familiar que me colmó de alegría, pues lo había deseado profundamente y ocurrió sin avisar. Recuerdo que esa mañana me desperté desvelada y decidí volver a dormirme, viendo que Adama aún no había abierto los ojos. Cuando, más tarde, me levanté pensé mientras me vestía: «¡Otra vez esos presagios! Todos favorables...». Me sentía tranquila, pero lo estaría mucho más poco después, ya que iba a ocurrir algo maravilloso.

Vi a mi madre preparando la comida en el patio y noté enseguida que, además de estar más ajetreada que de costumbre, la cantidad de alimentos que cocinaba era también más abundante. Al verme sonrió, radiante, y sin darme siquiera los buenos días me espetó:

—Hoy es un día importante, Safiya. ¡Viene a comer tu hermano Mohammadu!

No sabría decir qué fue mayor, si la sorpresa o la preocupación. Mohammadu... ¿Qué quería ahora, después de haberme denunciado y ser el responsable de mi condena? Al menos que no viniera a envenenar aquel precioso clima de recobrada calma... Si mi madre sonreía no podía ser por algo peligroso o negativo para mí o mi familia, pensé, pero la idea de volver a ver a mi hermano me aterraba. En quien primero pensé fue en Adama: quería que Mohammadu la viera a ella antes que a mí y la busqué con la mirada: estaba jugando tranquilamente, como siempre, sentada en el suelo del patio recién barrido, y me sonrió con aire persuasivo, como hacía cuando quería que jugara con ella. Estaba acercándome a ella cuando mi madre me detuvo:

—Espera, Safiya. No te preocupes. Mohammadu viene a pedirte perdón. Está arrepentido y quiere disculparse. Esta mañana bien temprano ha enviado aquí a uno de sus hijos para anunciarnos su visita. Viene en son de paz y para pedirte perdón.

La inesperada novedad me asombró y di gracias a Alá por el retorno de Mohammadu, clara señal de su benevolencia para conmigo. Me acordé del sueño: la visita de Mohammadu era un presagio más. Quizá Dios había empezado a poner orden en mi vida y me anunciaba que el tiempo del padecimiento, el dolor y el abandono se había acabado. Confié en haber superado como Él deseaba las pruebas a las que me había sometido.

Conforme el sol se acercaba al mediodía y el tiempo pasaba más ganas tenía de ver a mi hermano. Quería darle la mejor de las acogidas y hacerle ver que estaba dispuesta a perdonarlo. Dispuesta... no, ya lo había perdonado, sobraban las palabras. Comeríamos juntos del mismo plato, unidos de nuevo, incluso más que antes.

Cuando llegó me encontraba en el patio con Adama. Oí que alguien abría la valla de madera que da a la calle, me giré y lo vi. Mohammadu se quedó quieto donde estaba, y mi madre, para romper el hielo, se acercó a él y lo abrazó. Él hizo lo propio, la besó en las mejillas y me miró a mí. Estaba más delgado de como lo recordaba, tenía la cara chupada y surcada por unas profundas arrugas. Supe de pronto lo mucho que debía de haberle costado dar aquel paso y sin darle tiempo a decir nada me acerqué a él y lo abracé.

—Safiya, te pido perdón —farfulló Mohammadu, que parecía estar violentísimo—. Fueron los miembros de mi grupo los que me incitaron a denunciarte, quieren que la *sharía* sea aplicada con todo rigor. Yo ya no quiero saber nada de ellos...

—No hables, no digas nada, no importa. Ven... —le dije mirándolo a los ojos. Lo cogí de la mano y lo conduje hasta Adama, que seguía sentada en un rincón del patio, observándonos con su par de ojazos oscuros abiertos como platos. De pronto la pequeña empezó a gatear hacia nosotros, la aupé y le di un beso.

Mohammadu la miró con los ojos empañados. Como si adivinara la importancia que aquella visita tenía para mí y para todos nosotros, Adama exhibió una de sus sonrisas más encantadoras.

—Bonita, ¿eh?, la hija de mi pecado —pregunté.

Mohammadu asintió y la acarició.

Mi madre se acercó y nos pidió que la acompañáramos al cuarto donde mi padre esperaba.

Aunque completamente ciego, mi padre advirtió nuestra presencia y aceptó de buen grado el saludo de Mohammadu.

—Imagino que ya habréis hablado —nos dijo—, aunque

tampoco hay mucho que decir. Se está cumpliendo la voluntad de Dios, que quiere que sigamos juntos.

—Padre, estoy sinceramente arrepentido de haber denunciado a Safiya —dijo Mohammadu—, pero de nada sirven mi arrepentimiento y mi pesar si no contribuyo con algo concreto. He venido para deciros que estoy decidido a ayudaros a pagar al abogado y lo que cueste el juicio de apelación.

Mi padre acogió aquellas palabras con gran satisfacción, que manifestó pronunciando la fórmula de rigor para todo buen musulmán:

—*Allah akbar!*

«¡Loado sea Alá!», repetí en lo más profundo de mi ser, antes de hacerlo en voz alta. Sí, bien podíamos loar y dar gracias a Dios. Aquel día más que nunca...

13

EL MUNDO TIENE QUE SABERLO

El juicio de apelación empezó hacia finales de octubre. Cuando llegué a Sokoto fui primero al despacho de Ibrahim, en cuya compañía me dirigí luego al tribunal. Conmigo llevaba, cómo no, a Adama. Sabía que su presencia no tendría ningún peso legal, pero pensaba que cualquiera que la viera tendría escrúpulos de conciencia a la hora de condenarme. Si no en el plano legal, Adama era mi baza desde un punto de vista moral y humano.

En la sala me sentía bastante tranquila. Un rato antes, en su despacho, Imam me había dicho que los jueces no me harían preguntas: mi presencia solo era necesaria para incoar el proceso. Me había explicado también que en esta fase los jueces ya no tenían que comprobar ni preguntar nada: todo dependía de cómo se interpretara la ley y él confiaba en encontrar una táctica, una argucia legal con la que elaborar la estrategia de la defensa.

Su razonamiento era claro: la prueba de mi pecado estaba a la vista, en mis brazos. Adama no tenía aún un año y yo llevaba divorciada casi tres. ¿Qué más había que saber?

La sesión se abrió y se cerró en media hora. Los jueces se limitaron a comprobar mi identidad, confirmar mi voluntad de recurrir la sentencia de culpabilidad y anunciar que habían aceptado a trámite la instancia de apelación.

En el autobús, camino de Tungan Tudu, Imam me dijo que pensaba basar mi defensa en el Corán. Era más indicado, me dijo, si se quería poner a los jueces en un brete. Eran jueces islámicos que aplicaban la *sharía* y nada podrían objetar si se aducían argumentos religiosos convincentes. El único inconveniente, añadió, es que también los jueces que habían decidido condenarme conocían bien la ley religiosa y no resultaría fácil impugnar sus razones, así que tendríamos que ir con pies de plomo.

—Pero tú, Safiya, no te preocupes —concluyó sonriendo—. Yo tengo mucha confianza. Y no estaría de más que los jueces recibieran presiones de orden político.

Dicho lo cual se despidió de mí y le dio un toquecito a Adama en la mejilla. Esta vez la niña le sonrió.

En el autobús pensé en aquella última frase que Imam había pronunciado como distraído. Presiones de orden político sobre los jueces... ¿A qué se refería? En cualquier caso, era mejor no hacerse ilusiones. ¿Quién iba a interesarse por el drama de una pobre mujer de un poblado perdido en la sabana africana?

Llegamos a Tungan Tudu cuando se ponía el sol. En el poblado reanudé mi vida y mis hábitos de siempre: labores domésticas, Adama, Aisha, largas reflexiones, larguísimas esperas. Sabía que el juicio podría durar meses; meses que mi abogado, los jueces y los asesores se pasarían enfrascados en doctas disquisiciones legales y religiosas.

De cuando en cuando Imam me enviaba noticias por medio de habitantes del poblado que volvían de Sokoto: información sobre lo que acontecía en la sala, el efecto de tal o cual objeción, la reacción de los jueces, las fechas de nuevas sesiones. Ahora bien, lo que más agradecía era que siempre trataba de tranquilizarme: «Sigo confiando en una sentencia absolutoria». Estas palabras eran lo más importante para mí.

Mi caso dio un giro inesperado la mañana del día en que mi padre me llamó a su cuarto y cogiéndome de la mano, como hacía siempre, me dijo que le habían pedido algo sorprendente.

—Safiya, ha venido de Abuja un hombre que trabaja allí y quiere hablar contigo.

¿Incluso de la capital venían a buscarme? Creí que sería algún enviado de Imam que necesitaba pedirme información útil para el juicio o para ejercer las dichosas «presiones de orden político» y acepté recibirlo.

—Por mí de acuerdo, padre, si a ti te parece bien.

—Espera, Safiya, no te lo he dicho todo. Es un periodista de la BBC, que quiere entrevistarte. Lo que le digas lo sabrá mucha gente.

No, siendo así no aceptaba.

—No, padre, no quiero volver a contarle nada a ningún desconocido. Bastante mal lo he pasado viendo cómo mi vida iba de boca en boca primero aquí, en el poblado, y luego en Sokoto. Me niego a que todo el mundo conozca mi drama y sepa lo que he sufrido. Ahora estoy mucho más tranquila y eso podría volver a trastocarlo todo y acabar con la paz en casa. ¡No, no quiero verlo!

Creí que mi padre se mostraría de acuerdo conmigo, pero me contestó algo sorprendente:

—Safiya, nunca es bueno tomar decisiones precipitadas. Quizá hablar con un periodista resulta beneficioso para el juicio. Creo que deberíamos preguntárselo a Imam, a ver qué dice él. Nos aconsejará lo mejor.

Me pareció bien. Esa misma noche le dimos un mensaje

para Imam a una mujer que viajaba a Sokoto a la mañana siguiente y al atardecer, cuando regresó el autobús, recibimos la respuesta.

Imam lo tenía claro: «Ya lo creo que sí. Que Safiya hable con el periodista y le cuente todo. Es la oportunidad para que el gran público conozca el terrible destino que podría sufrir. Eso nos ayudará en el juicio».

No era esa la respuesta que yo quería. Una vez más tendría que contar hechos y cosas que prefería olvidar. En aquel momento de mi vida lo único que deseaba era mirar hacia delante, tener esperanza, alimentar mi optimismo. Aquel periodista me obligaría en cambio a volver la vista atrás y abriría de nuevo heridas no del todo restañadas. No me daba cuenta de que aquel encuentro sería uno de los pasos más importantes hacia mi salvación y mi redención definitiva.

Sani Umar, así se llamaba el periodista, se presentó en mi casa una mañana temprano. Mi padre lo recibió nada más terminar la oración.

Yo había salido a primera hora para hacer unos recados. Supe que había venido al ver unos niños que observaban, curiosos y alborotados, un todoterreno aparcado a la entrada del poblado.

Cuando entré en el patio lo vi sentado con mi padre. Era

un hombre de unos cuarenta años, nigeriano del norte, como yo. Había estudiado en Lagos y trabajaba para la BBC, me explicó. Tenía una mirada franca y modales corteses. Pero lo que más me sorprendió de él fue una actitud que hasta entonces solo había visto en Imam: aun respetuoso de las tradiciones, al dirigirse a mí me hablaba directamente, infringiendo la costumbre islámica de dejar que las mujeres, en público, se mantengan al margen y no intervengan. Me hablaba mirándome a los ojos y llamándome por mi nombre, pero lo hacía con una naturalidad en modo alguno ofensiva. Ni para mí ni para mis padres, que presenciaban la singular conversación sin que al parecer se sintieran violentos.

Antes de iniciar la entrevista, Sani Umar me explicó que sería difundida en todo el mundo y que eso era bueno. Después se calló un momento y mirándome fijamente añadió:

—Safiya, si tu caso, la suerte horrible que te espera, llega a conocimiento de la opinión pública, los jueces del juicio de apelación recibirán una presión internacional fortísima. La lapidación es una práctica inhumana, un castigo sin duda desproporcionado para la pequeña falta que una ingenua mujer de un poblado ha cometido. Esta entrevista te ayudará, ya lo verás. Sé que para ti supone otro trago amargo. Pero yo no soy ningún juez, puedes elegir lo que quieras contarme, y lo que no, te lo podrás guardar. Yo no insistiré, te lo prometo. Me dirás solo lo que tú quieras.

Me convenció. Su mirada y su manera de actuar dejaban entrever un mundo que iba más allá del poblado, de la sabana, de los pastores, de Sokoto. Un mundo distinto, poblado por gente distinta que, aun sin conocerme, podría ayudarme. Y entonces lo entendí... A eso seguramente se refería Imam cuando dijo que estaría bien que los jueces recibieran presiones de orden político... Un mundo indignado por mi condena influiría en los jueces, mucho más que la carita inocente de mi pequeña Adama, la baza por la que ingenuamente siempre había apostado.

Por primera vez me di cuenta de que mi aventura personal se había convertido realmente en un caso de interés general, en el que jueces y políticos se jugaban mucho. Sani Umar me entrevistó al caer la tarde, en el patio, y yo hablé sorprendida de lo fácil que me resultaba abrirme a él. Le conté todo, desde el principio y sin ningún tipo de vergüenza, incluso lo que me había dicho que podía guardarme. Al irse me sonrió y me dijo:

—Estoy seguro de que te absolverán, Safiya, ¡no lo dudo!

Me quedé mirando cómo Sani se alejaba envuelto en la luz rojiza del ocaso, parada en medio del patio, disfrutando de aquella nueva y deliciosa sensación de optimismo, hasta que una vocecita resonó a mis espaldas:

—Mamá, ven.

Me volví. Adama me tendía los brazos con su radiante

sonrisa; la misma sonrisa que la conversación con Sani había arrancado de mi alma.

Fui corriendo hacia ella y le di un fuerte abrazo.

—Lo conseguiremos, hija mía. ¡Lo conseguiremos, verás como sí!

14

SALVADA

Imam me informaba del desarrollo del juicio sin que yo tuviera que asistir a las sesiones. En los mensajes que me enviaba por la gente del poblado me comentaba que los jueces y él se embarcaban en intrincadas controversias de índole legal y religiosa, y que a menudo tenían que consultar con expertos. El resultado de aquellas discusiones se presentaba en la sala y se consignaba en las actas, tras lo cual era necesario seguir asesorándose.

Yo tenía la impresión de que en todo aquello no solo estaba en juego la vida de una mujer, sino algo más. Lo que Imam y Sani Umar decían era verdad: mi caso había pasado a ser una cuestión política. Eso me irritaba, porque hubiera preferido que el juicio se centrara en lo que a mí más me importaba: ¿representaba mi pequeña Adama un pecado? ¿Se podía lapidar a una mujer que había confiado en una promesa de matrimonio finalmente no cumplida? ¿Era eso lo que Alá y Mahoma deseaban?

Mi vida transcurría marcada por la espera y por los mensajes de Imam, quien un día me mandó que me presentara en Sokoto porque tenía que comunicarme algo con urgencia. Era extraño, pues hasta el momento solo me había pedido que fuera cuando debía asistir a alguna sesión del juicio. ¿Acaso habían dictado ya sentencia? ¿Acaso las cosas se torcían? Acaso...

Con el alma en vilo partí para la ciudad al día siguiente. Imam me acogió con una gran sonrisa, lo que me tranquilizó. Si sonreía es que la noticia no era mala. Cuando tomé asiento, sin decir nada, me mostró una pila de periódicos extranjeros. Yo no sé leer, pero sí soy capaz de reconocer mi nombre escrito en caracteres occidentales y enseguida vi que aquellos periódicos hablaban de mí. Imam dijo, para mi asombro, que venían de Europa, Estados Unidos y otros países africanos. Él no cabía en sí de contento.

—¿Dicen que me han absuelto? —le pregunté.

—No, Safiya. Aún no te han absuelto, pero estos periódicos son un punto a tu favor. El mundo ha reparado en ti, en la injusticia que están a punto de cometer contigo, el mundo protesta, ¡quiere salvarte!

¿El mundo quería salvarme? Estaba muy confusa, me parecía imposible que alguien pudiera interesarse por mi caso hasta el punto de que los periódicos hablen de mí. Hasta ese momento no había tenido la necesidad de pensar o preocuparme por lo que pudiera pasar más allá de Tungan Tudu y los poblados de la zona. La ciudad de Sokoto ya era para mí algo lejano y extraño que me costaba abarcar y comprender, por no hablar del sur de Nigeria, por ejemplo, donde había vivido una temporada durante mi tercer matrimonio. Mi visión del mundo nunca había traspasado aquellas fronteras, aunque supiera que existían otros países mucho más ricos y desarrollados, donde vivía gente de piel blanca que no necesitaba para nada a aquel pueblo de la sabana dedicado a pastorear bichos al cual yo pertenecía. Ahora, en cambio, esa gente rica, satisfecha de la vida y blanca sí parecía interesarse por una persona como yo. ¿Por qué? No lograba explicármelo, pero si Imam se alegraba, yo debía estar agradecida.

Le pedí que me los tradujera y él lo hizo. Me emocioné mientras lo escuchaba. Aquellas personas lejanas no solo se interesaban por mí, sino también por Adama. En uno de los artículos se decía que si la condena era ejecutada, mi pequeña se quedaría sin madre: no solo se lapidaría a una mujer inocente, añadían, sino que, con una sola sentencia, se destruirían dos vidas: la mía y la de Adama. Lo escuché con los ojos bañados en lágrimas y apretando los puños. «Sí, sí, así es. Eso es lo que quisiera decir en el juicio, con esas mismas palabras... pero como no se me ocurrían tenía que callarme. Y ahora esta gente habla de mí y pone voz a mi alma.»

Aquellos desconocidos que estaban tan lejos conocían mi caso y querían salvarme. ¡Ojalá pudiera darles las gracias uno a uno! Pero no me imaginaba siquiera cómo vivían, dónde dormían, qué comían. Quiénes eran.

Imam rebosaba felicidad. Me explicó que ahora todo iría como una seda y que los jueces tendrían que pensárselo dos veces antes de confirmar la sentencia de lapidación. Sí, todo parecía claro. Menos un detalle.

—¿Y toda esta gente cómo ha sabido de mí, Imam?

Él sonrió.

—Gracias a la entrevista que te hizo Sani Umar, Safiya, el periodista de la BBC al que tú no querías ver. Ha sido el primero en contar tu historia.

Sani... aquel joven de expresión sonriente y amable. Lo recordé saliendo por la valla del jardín y diciendo que estaba seguro de que me absolverían. ¡Si hubiera estado allí en aquel momento! Le habría dado un abrazo, porque abrazarlo a él hubiera sido como abrazar a todos los desconocidos que allá donde estuvieran se oponían a mi condena. Pero Sani no estaba allí y ni siquiera sabía si volvería a verlo. Imam sí me abrazó.

—Ahora tenemos buenas razones para ser optimistas, Safiya. Vuelve a casa y disfruta de este éxito. Cuéntaselo a los tuyos y sobre todo a tu padre, que tanto ha rezado por ti.

En el autobús, camino de casa, me sentía muy confusa. Saber que el mundo estaba pendiente de mi caso me causaba una mezcla de incomodidad y placer. Todo era tan extraño... El mundo conocía a Safiya Hussaini Tungan Tudu, una pobre mujer de un poblado perdido en la sabana nigeriana. Era famosa, pero los hombres y mujeres que iban allí conmigo en el autobús no lo sabían. Yo era como ellos y ellos como yo, no leían periódicos ni sabían nada del mundo que había más allá del horizonte; su mundo terminaba en el poblado, en sus manadas de cabras o camellos y en la sabana. Los miré. Cada uno de ellos se había hecho un hueco entre las apreturas del autobús e iba ensimismado. Dos mujeres conversaban animadamente y un niño lloraba en brazos de su madre. Era normal que no supieran nada de mí, era normal que fueran a lo suyo. Y entonces me hice una reflexión: los que se habían movilizado en mi defensa eran personas que nunca me habían visto ni me conocían.

A mi gente, esa que me rodeaba en el autobús o vivía conmigo en el poblado, ni se le había pasado por la cabeza protestar contra mi condena. Eso me entristeció, pero no sentí rencor. Tampoco era rabia lo que sentía. Daba gracias a Alá por lo que me ocurría y empezaba a convertirme en una persona distinta: comprendía que lo que acontecía en Sokoto o en los poblados de la sabana estaba relacionado con lo que pasaba en el resto del mundo y viceversa. Por lo tanto, me decía, una sentencia a mi favor quizá evitase que otras mujeres pasaran por lo mismo.

Aquella era una razón más para seguir luchando. En aquel momento estaba segura de que también Alá deseaba mi victoria. Lo que había ocurrido en las últimas semanas no podía ser casual, debía de ser una señal de la voluntad divina. Las pruebas por las que había tenido que pasar adquirían un sentido nuevo y el hecho de haberlas superado me llenaba de orgullo. Lo cierto es que nada estaba decidido todavía, aún podía ser condenada y lapidada, pero aquella perspectiva me parecía improbable y, en cualquier caso, resultaba más soportable si pensaba en las amplias repercusiones que tendría mi ejecución y las protestas que levantaría en todo el mundo. Es decir, aun si moría ganaría yo la batalla. La única que sufriría con mi muerte sería Adama, pensé con tristeza, pues más allá de las cuestiones políticas sería ella, el ser más vulnerable de todos, la que vería pisoteado su derecho a tener una madre.

Mis padres me esperaban en Tungan Tudu muertos de impaciencia. Durante la cena me preguntaron qué era aquello tan importante que tenía que decirme Imam. Se lo conté todo, nuestra conversación, lo de los periódicos extranjeros y lo de aquella increíble movilización internacional a mi favor promovida por Sani Umar. Les hablé también de cómo me sentía y traté de hacerles comprender el alcance de mis reflexiones en el autobús de vuelta, aunque advertí que les costaba entenderme. Ellos se conformaban con verme contenta y animada. A la hora de acostarnos, mi padre resumió los acontecimientos del día con una consideración sobre Dios.

—Si Alá ha querido todo esto, sus razones tendrá, nosotros no somos sino sus fieles siervos. *Inshallah.*

Mi vida siguió discurriendo con toda normalidad, excepto por un detalle: cada vez más periodistas de todo el mundo venían a Tungan Tudu. Todos querían entrevistarme, todos querían que les contase mi caso y les hablase de mis sentimientos, del juicio. Imam me había avisado de esa posibilidad y como me había recomendado que me mostrara bien dispuesta, recibía a todo el mundo y respondía a las preguntas.

Los periodistas me ofrecían dinero, que yo aceptaba de buen grado. Estos ingresos extras eran fundamentales, pues si ya las condiciones económicas de mi familia eran precarias, estaban además los gastos que el juicio y los frecuentes viajes a Sokoto representaban. Aquel dinero me permitía asimismo criar mejor a Adama, concederle algún que otro capricho y alimentarla debidamente, y también dejar de depender de la generosidad de primos y tíos.

De todos los periodistas que vinieron a verme recuerdo sobre todo a un alemán, un joven rubio que se presentó acompañado de un intérprete de Sokoto que podía traducir al inglés lo que yo decía en mi idioma, el hausa. Aquel periodista me dijo que más que a entrevistarme había venido a expresarme toda su solidaridad y la de otros muchos compatriotas suyos. Se quedó a comer con nosotros y enseguida se hizo amigo de Adama. Mi hija, acostumbrada ya a aquel ir y venir de gente desconocida, aceptó que la tuviera en brazos y se pasó el resto del día dándole la lata para que jugara con ella. Por la noche, cuando el periodista se dispuso a irse, Adama rompió a llorar y él le dio un caramelo, prometiéndole que le traería más cuando volviera.

Durante aquellos meses los periodistas y yo fuimos el principal motivo de interés en el monótono Tungan Tudu. Cada vez que aparecía un reportero el poblado se movilizaba. Los niños conducían al visitante hasta mi casa y esperaban ante la valla a que se fuera. Las personas a través de las que Imam me mandaba sus mensajes se apresuraban a comunicármelos y mostraban su complicidad, como si sintieran que formaban parte de aquel asunto que interesaba al mundo entero.

Todo aquel revuelo había acabado despertando la solidaridad del poblado que a veces había echado de menos, pero cuya ausencia podía comprender: vivir en un poblado como Tungan Tudu significa regirse por reglas de vida tradicional que se repiten desde hace siglos y que a nadie se le ocurriría poner en tela de juicio; por eso mi condena a la lapidación tampoco había hecho reaccionar a mis más allegados. Ahora, sin embargo, la llegada de aquellos periodistas y de blancos que venían de países lejanos para verme mostraba a la gente del poblado la existencia de ese mundo lejano y distinto del nuestro que quería salvarme, de modo que el sentimiento de solidaridad de mis vecinos fue en aumento. Las primeras que me lo demostraron fueron las mujeres, muchas de las cuales, para gran sorpresa mía, lo hicieron sin contar con sus maridos. Recuerdo con emoción la primera muestra de esa solidaridad que me brindaron abiertamente, sin medias palabras. Lo hizo Fatima, una anciana del poblado a la que de niña veía en el pozo cuando iba por agua. Un día se presentó en mi casa sin un motivo concreto, con un dulce tradicional para Adama. Mi madre la recibió pese a que ella no acababa de explicarse la razón de su visita: no le habíamos pedido ningún favor, ninguna ayuda, no había niños a los que cuidar, tarea que a veces las mujeres del poblado le encomendaban, ni siquiera le habíamos pedido el dulce que traía, no la necesitábamos, pero allí estaba. Dijo que quería hablar conmigo. Mi madre me llamó y presenció nuestra conversación. Fatima no parecía sentirse nada violenta, aunque tampoco acababa de explicarse. Al final se decidió a hablar con total sinceridad:

—Safiya —dijo— no encuentro en mi interior palabras para decirte por qué he sentido la necesidad de venir a verte y hablar contigo, quizá ha sido Alá el que me ha traído aquí. Solo quiero decirte que he pensado mucho en ti, en tu condena. Te conozco desde que tenías la edad de Adama y estoy segura de que tu alma es inocente y que ni Alá ni su profeta quieren que mueras. Yo, que no soy más que una fiel y humilde sierva de nuestro Dios, quiero decirte que pienso en ti. No sé cómo puedo serte útil o ayudarte. Pero quiero que sepas que aquí me tienes y que no te juzgo. Lo que te ha pasado habría podido ocurrirme a mí cuando era joven. Y habría podido pasarle a cualquier mujer de Tungan Tudu y de la sabana que rodea nuestro poblado.

A continuación guardó silencio un rato. Yo estaba conmovida. Fatima, una anciana, me dirigía aquellas palabras a mí, que era una mujer más joven, sin marido y encima, según la ley y las reglas tradicionales, una adúltera que había violado la ley del Profeta y merecía ser condenada. Deseé abrazarla y, con los ojos empañados, lo hice: hundí mi cara en su hombro y la estreché entre mis brazos. Me devolvió el abrazo algo sorprendida de aquel gesto mío, como si pensara que no había hecho nada extraordinario y era lo más normal del mundo. Pude ver que se guiaba por esa manera lineal de pensar que es típica de nuestra gente. Ella había sentido la necesidad de expresarme su solidaridad y lo había hecho sin darle más vueltas, como si hacerlo de otro modo fuera imposible. Cuando me sobrepuse de la emoción nos comimos el dulce que había traído. En ese momento Adama mostró su alegría por la inesperada visita.

Ese gesto, tan humilde y aparentemente insignificante fue tan importante para mí como conocer a Imam y Sani Umar. Fatima no se limitó a expresarme su solidaridad, sino que en los días siguientes habló del tema con quienes veía y después supe que su visita había sido objeto de debate en su familia. El caso es que tras la suya empecé a recibir las visitas de muchas otras mujeres del poblado. Todas se ponían a mi disposición y las que pertenecían a familias que poseían varias cabezas de ganado se ofrecían a ayudarme con los gastos del juicio y los viajes a Sokoto. Yo no lo necesitaba, pues los periodistas que venían a verme me daban siempre dinero, pero que se ofrecieran así era algo más valioso que el dinero: significaba que mi poblado estaba conmigo. Había dejado de ser la réproba, la mujer que debía evitar las miradas ajenas. Ahora era Safiya, estaba orgullosa de llevar el nombre de mi poblado, Tungan Tudu, y luchaba por salvar mi vida y desempeñar mi función de madre como Alá quería.

De las mujeres del poblado recibí mucho en aquella época. Quizá sus voces en favor de la salvación de Safiya habían llegado a Sokoto. El caso es que un día se presentaron en mi casa dos ancianas que venían de la ciudad. Dijeron que pertenecían a una asociación dedicada a ayudar a las mujeres de nuestro estado que, ya fuera porque no se habían casado, ya porque eran viudas y no habían encontrado otro marido, vivían solas. Querían saber si necesitaba algo y me informaron de que podían ponerme en contacto con otras mujeres que conocían la ley islámica, con abogadas. Aunque les contesté que ya me defendía Imam, ellas siguieron ofreciéndome su colaboración. Imam, adujeron, no podía ocuparse de todo, y aquellas abogadas podrían encargarse de los asuntos secundarios que pudieran presentársele a una mujer que se enfrenta a un juicio en el estado de Sokoto. Más tarde conocí a esas abogadas y las recuerdo como auténticas amigas. Supieron atender a todas aquellas necesidades que guardan relación con aspectos marginales de una historia y por lo general no se cuentan. Me ofrecieron la posibilidad de trabajar haciendo esteras y encontraron una tienda en Sokoto cuyo dueño se mostró dispuesto a comprármelas. Me dijeron que si otra mujer se viera en mi misma situación, yo era la persona más indicada para apoyarla. Esta afirmación me alegró mucho. Me alegraba ser útil a mi familia con la fabricación de esteras y ayudar a otras muchas mujeres que hubieran de hacer frente a un juicio por su comportamiento ante la ley islámica. En esos momentos comprendía más que nunca que lo que me pasaba no tenía nada que ver con la voluntad de Alá, sino con una interpretación de la ley por los seres humanos, que no son infalibles. Aquella solidaridad, aquella comprensión entre las mujeres era muy bonita, enriquecía mi espíritu y solo podía ser bien vista por nuestro Dios.

Los mensajes de Imam eran más frecuentes conforme pasaban las semanas. El proceso estaba entrando en la fase final. La movilización internacional había puesto en grandes apuros a los jueces, que ahora quizá prefiriesen no tener que juzgarme, sometidos como estaban a fortísimas presiones contrapuestas. Por una parte estaban los políticos que se oponían al progreso del mundo, los integristas islámicos, que pensaban que yo debía ser lapidada porque así lo ordenaba el islam: la población del estado de Sokoto, decían, era musulmana desde siempre y el respeto a la *sharía* era consecuencia directa del sentimiento religioso.

Por otra parte estaban los políticos progresistas, que propugnaban mi absolución y estaban decididos a no permitir que los estados del norte se consagrasen por entero al islam en contra de la voluntad del gobierno central de Abuja: según ellos, mi lapidación enfrentaría a Nigeria al resto del mundo y condenaría al país al aislamiento, tal como la movilización internacional demostraba, decía Imam. A todo esto yo no era sino una especie de peón, aunque fuera un ser de carne y hueso con derecho a vivir y criar a su hija. Me sublevaba no poco que la política prevaleciese incluso sobre esta realidad que era la mía, pero lo único que podía hacer era decirme que Alá, el dios en nombre del cual aquellos jueces decían obrar, sabría juzgarme por lo que yo era y no por lo que representaba. En esa época profundicé aún más en mi fe y en el sentimiento religioso que encarnaba mi padre, en su inmutable, tranquila y segura confianza en Dios.

Para la sesión decisiva del juicio se requería mi presencia, e Imam me pidió que la víspera fuera a su despacho.

Cuando llegué me explicó en qué consistiría su estrategia defensiva. Había comprendido desde el principio que la única posibilidad de salvarme era exponer a los jueces un razonamiento irrefutable desde el punto de vista religioso, que les permitiera absolverme sin por ello enfrentarse a los integristas islámicos. Si mi absolución era inapelable en el plano religioso, ni siquiera los que preconizaban mi condena podrían replicar.

—Como ya te dije —siguió diciendo Imam— he buscado en el Corán algo que pudiera servirnos y lo he encontrado. En una sura, el profeta Mahoma dice que la simiente del varón puede «dormir» en el útero de la hembra incluso durante tres años y luego despertarse, entrar en contacto con el óvulo de la hembra y concebir un hijo. —Dicho esto, Imam enmudeció, como si quisiera darme tiempo para que lo entendiera bien y pudiera darle la razón. Hice un gesto de asentimiento y él prosiguió—: Lo dice el profeta Mahoma y está escrito en el Corán, luego no hay objeción posible.

Acto seguido puso ante mí el Corán abierto justo por aquella sura.

—Así las cosas, Safiya —concluyó—, significa que Adama podría no haber nacido de tu relación con Yacubu. La simiente que la engendró podría pertenecer a tu último marido, del que llevas divorciada tres años, es decir, que los plazos encajan con el nacimiento de tu hija. No podemos demostrarlo, pero tampoco puede nadie demostrar lo contrario, y esa sura es inapelable.

Imam tomó de nuevo asiento, cogió el libro sagrado y volvió a leer la sura, tras lo cual me miró y dijo:

—Safiya, mañana presentaré esta argumentación ante los jueces, pero necesito que tú estés de acuerdo.

—Lo estoy.

Me pareció bien aun sin haber reflexionado sobre ello. A esas alturas la trascendencia del caso era demasiado importante para perder el tiempo con sutilezas sobre un punto u otro. Yo estaba dispuesta a lo que fuera con tal de acabar con aquel tormento de angustia, miedo e incertidumbre. A mí lo único que me importaba en ese momento era mi relación personal con Alá, el cual, estaba segura, me había ya absuelto.

La sala de tribunal a la que entré al día siguiente estaba a rebosar. No era solo la multitud de curiosos del tribunal de Sokoto, sino nutridos grupos de periodistas venidos de todo el mundo.

El primero que tomó la palabra fue el ministerio fiscal.

—Safiya Hussaini Tungan Tudu debe ser condenada por violación no solo de los preceptos religiosos sino también de la moral de nuestra gente. Una absolución daría pie a un relajamiento de las costumbres no acorde con el islam, religión que los habitantes del estado de Sokoto profesan.

A continuación le tocó el turno a Imam. Habló mucho rato, exponiendo las implicaciones jurídicas del razonamiento basado en la sura. Recuerdo que lo escuchaba con atención, pero en un momento dado mi mente se ausentó de allí, me olvidé de la sala y, volviendo la vista atrás, me acordé de cuando era una niña deseosa de asistir a la escuela islámica, recordé a mi padre y a mi madre de jóvenes, a mi hermano Mohammadu, criatura traviesa que siempre daba guerra. Pensar en él me devolvió al presente. Me volví y lo busqué entre la multitud: estaba de pie al fondo de la sala, con expresión seria y concentrado en el discurso de Imam.

Y mientras pensaba en él, en su traición, en su arrepentimiento y en el cariño que yo le tenía, Imam terminó de hablar.

En la sala se hizo un silencio absoluto. El juez anciano se puso en pie, declaró cerrada la sesión y anunció que el tribunal se retiraba para dictar sentencia.

Imam se acercó a mí. Se le veía muy satisfecho y sonreía todo el tiempo. Me dijo que tuviera confianza y que el tribunal podía permanecer en la sala de deliberaciones mucho tiempo.

—Esperar hoy la sentencia es absurdo. Puedo llevarte en coche a Tungan Tudu.

Acepté.

Mi padre me esperaba en el patio de mi casa, nervioso e impaciente. Cuando advirtió nuestra llegada se acercó a la valla. Imam, que sabía que mi padre era un profundo conocedor del Corán y quería asegurarse de que aprobaba la estrategia defensiva que había seguido, fue el primero en hablar y ya en el patio entraron en materia. Mi padre lo invitó a tomar asiento en su cuarto, yo les serví té y los dejé solos.

Más tarde, cuando Imam se dispuso a irse, yo lo acompañé hasta la valla. Quedamos en vernos para cuando se dictara sentencia y él me repitió que muy bien podían pasar días. Pero entonces oímos unos gritos.

—¡Safiya! ¡Safiya!

—¡Allí! ¡Rápido, rápido!

Era un grupo de niños que, como solían, acompañaba a grito pelado hasta mi casa a un grupo de periodistas y fotógrafos, a los que Imam preguntó por qué venían. Su respuesta fue la mejor que podía oír:

—¡Los jueces! ¡Han dictado sentencia hace unas horas! ¡Te han absuelto, Safiya!

Me habían absuelto... absuelto... No esperaba recibir la noticia de ese modo y me quedé un momento como atontada, sin darme cuenta de lo que aquello significaba realmente... De pronto lo entendí. Me habían absuelto... ¡Era libre! ¡Salvada! ¡Estaba salvada! ¡Se había acabado la pesadilla!

Rompí a llorar a lágrima viva, entre feliz y conmovida. Imam, eufórico, me dio un impetuoso abrazo.

—¡Lo hemos conseguido, Safiya! ¡Hemos ganado!

Los fotógrafos se agolparon a nuestro alrededor y los periodistas se peleaban por llevarse mis primeras impresiones.

—¿Cómo te sientes, Safiya?

—¿Te lo esperabas?

—¿Te sientes feliz?

—¿Qué harás ahora?

La noticia había llegado también a mis padres, a los que, tras un velo de lágrimas, vi venir hacia mí. Mi padre me abrazó, y al notar sus cálidas manos en mi espalda y sus lágrimas en mis mejillas sentí una emoción hondísima. El abrazo de mi madre fue más estrecho, casi violento, liberador. Entre sus brazos di rienda suelta a toda mi felicidad.

—¡Estoy salvada, madre! ¡Ya no me harán nada!

Sí, estaba salvada, nadie me arrebataría a Adama.

¡Adama! ¿Dónde estaba Adama? La busqué. Estaba en un rincón, sola. Corrí hacia ella y la cogí en brazos. Con los ojazos negros abiertos y un dedito en la boca, miraba alrededor sin saber qué pasaba. Se lo expliqué al tiempo que me la comía a besos.

—Estamos felices por ti, amor. ¡Porque a partir de hoy tu madre estará siempre contigo!

15

ROMA, EL MUNDO

Tras la sentencia de absolución, muchos más periodistas llegaron a Tungan Tudu. Venían de Nigeria, pero también de otros países africanos, de Europa, de Estados Unidos. Como siempre, los recibía a todos y al final, después de haber contado mi historia decenas de veces, empecé a preguntarme si de verdad la había vivido.

La había vivido, ya lo creo, y aún me llevaría más lejos todavía. Un día me llegó un mensaje de Imam en el que me anunciaba que quería hablar conmigo, que le esperara al día siguiente en Tungan Tudu.

Me puse muy contenta de volver a verlo, aunque también me preguntaba qué querría decirme.

Mi padre lo recibió cuando vino e Imam, por respeto, se quedó un rato con él antes de hablar conmigo. Pasaron juntos al cuarto de mi padre, y yo les serví comida y bebida. Cuando me disponía a salir, mi padre me detuvo:

—Espera, Safiya, quédate. Imam quiere proponerte una cosa.

Imam sonreía como siempre que tenía una buena noticia que darme, esperó a que me sentara y me preguntó cómo estaba Adama.

—Bien, gracias —contesté, señalando hacia el patio, donde mi hija estaba jugando.

Él volvió a sonreír y a continuación me explicó el motivo de su visita.

—Ahora ya eres famosa en todo el mundo, Safiya. Recibes visitas todos los días, concedes entrevistas. Pero aún no te has movido de aquí. Pues bien, ahora quieren que viajes al extranjero. Hay una asociación italiana que ha seguido tu caso y me ha escrito invitándote a su país. Quieren conocer a la mujer a la que la presión internacional ha salvado de la lapidación.

Enseguida se me ocurrieron mil preguntas. ¿Dónde estaba Italia? ¿Cómo iría? ¿Cuánto tiempo se tardaba? ¿Podría llevar a Adama? ¿Cómo tendría que vestirme? ¿Iría sola? ¿Y qué haría cuando estuviera allí? ¿Quién me ayudaría? ¿Cómo eran aquellas personas? ¿Qué hacían? ¿Cómo vivían?

Miles de preguntas, aunque no hice ninguna: me limité a decir que si mi padre estaba de acuerdo y a él, Imam, le parecía conveniente, iría.

Enseguida organizamos el viaje. Imam me dijo que iríamos en avión de Sokoto a Abuja, la capital de Nigeria, donde me proporcionarían los documentos necesarios para salir del país. Cuando me dijo que no estaríamos más que unos días en Italia, decidí llevar a Adama conmigo. Era una experiencia completamente nueva para mí, y el hecho de no tener que separarme de mi hija durante esos días me ayudó a desterrar mis temores. Ella sería el mejor vínculo entre el mío y aquel otro mundo desconocido al que me disponía a volar.

Salimos del poblado una mañana muy temprano en un coche con chófer que nos mandó Imam. Había quedado con él en el aeropuerto de Sokoto, pero cuando llegamos no estaba. No esperaba quedarme sola con Adama en un sitio como aquel, tan distinto de todos los que yo conocía, y me asusté mucho. Parecía que todo el mundo supiera allí qué hacer, iban y venían deprisa o hacían cola para hablar con una chica que había sentada al otro lado de un cristal.

¿Y si Imam no se presentaba? ¿Por qué había aceptado ir a Italia? ¿Cómo iba a arreglármelas en aquel país extranjero, pensaba, si ya en el aeropuerto de Sokoto, entre mi gente, me sentía perdida y desamparada? Y allí seguí, sin moverme y cada vez más preocupada, hasta que por fin, sonriente y de buen humor como siempre, llegó Imam. Lo acompañaba una mujer nigeriana, Laraba Dattijo, que, según me explicó él, era miembro del Consejo Nacional de las Mujeres y vendría con nosotros a Roma. Yo me alegré mucho, porque seguro que me sentiría menos perdida en Italia con ella. Y así Imam, Laraba y yo, con Adama en brazos, nos pusimos a la cola que había visto poco antes. La chica que estaba al otro lado del cristal iba recogiendo el equipaje de todas las personas que guardaban la cola y cuando nos tocó a nosotros hizo lo propio con el nuestro. Pensé que aquella mujer debía de tener muy buena memoria para luego devolvérselo a sus respectivos propietarios.

Eran muchas cosas las que no entendía, pero decidí no hacer preguntas y fiarme completamente de Imam. Un autobús nos llevó por la pista hasta el avión, un aparato de hierro enorme con grandes alas. ¿Cómo iba aquello a levantar el vuelo, con lo que debía de pesar?

Subimos por una escalerilla y otra chica nos indicó nuestros asientos. Yo estaba nerviosa, aunque la presencia de Imam y Laraba me daba confianza.

La idea de volar me aterraba, pero lo superé pensando que si todas aquellas personas estaban allí, no podía ser peligroso. Por otra parte, Alá no me habría librado de la lapidación para que muriera en un avión.

De pronto el aparato empezó a moverse, fue acelerando y, con un estruendo que también era nuevo para mí, se encabritó y alzó el vuelo. Me sentía aplastada contra mi asiento, tenía miedo pero también curiosidad. Me repetí que Alá no me había salvado para matarme en vuelo y, más tranquila, me atreví a mirar por la ventanilla. Abajo quedaba la sabana, mi mundo. Allá abajo, en algún sitio, estaban Aisha y mis padres. Pensé en la vida que llevábamos en aquella tierra roja y en lo pequeños que eran nuestros problemas comparados con la inmensidad del mundo.

Desde allá arriba también mi historia se me antojó algo ínfimo, un detalle, todo lo contrario del terrible drama que había sido para mí hasta hacía pocos minutos.

El avión fue tomando más y más altura y de pronto penetró en las nubes. ¡En el interior de las nubes! Fue algo muy extraño para mí... Estaba dentro de las mismas nubes blancas que había contemplado tantas veces, de niña para recrearme con ellas, de mayor para confiarles mis pensamientos y pesares.

Cuando salimos de las nubes la tierra ya no se veía. ¡Volábamos por el cielo infinito! Emocionada, me sentí muy cerca de Alá y le di las gracias por la vida que me había dado.

Al día siguiente salimos de Abuja con destino a Roma en un avión aún más grande. Despegamos de noche y, asombrada, pude ver la ciudad cuajada de luces: muchas, muchísimas, lucecitas blancas y de colores. No había luces como aquellas en Tungan Tudu. Gracias a ellas, pensé, en Abuja se podía vivir también de noche: trabajar, jugar, comer, pasear... En el poblado la única luz que había era la del sol y al crepúsculo nos quedábamos sin ella durante toda la noche.

Las luces de Abuja fueron lo que más me sorprendió del viaje y no me imaginaba que en Roma vería muchas más y mucho más brillantes y espectaculares.

Cuando aterricé en Roma me dejó boquiabierta lo grande que era el aeropuerto, mucho más que el de Sokoto y que el de Abuja. Me impresionó tanto que me pegué a Imam y Laraba por miedo a perderlos. A nuestro alrededor toda la gente parecía apresurada, corría de aquí para allá, hablando por unos aparatitos que llevaban en la mano. ¿Eran aquellas personas las que me habían salvado? ¿Cómo habían podido pensar en mí, con lo ocupadísimos que parecían estar? ¿Y por qué no me miraban? Eran todos blancos: una mujer con la piel oscura debería al menos llamarles la atención y despertar su curiosidad, pero no, pasaban corriendo por mi lado sin verme. Como si fuera normal que yo estuviera allí.

Fue una sorpresa comprobar que nos esperaba una chica y que nos abrazaba calurosamente, primero a Imam y luego a mí, como si nos conociera de toda la vida. Desconcertada y sin entender nada de lo que decía, volví a pensar que lo mejor era confiar ciegamente en Imam. Y, en efecto, cuando este me explicó que aquella chica era una representante de la ONG que me había invitado, me quedé más tranquila. Con ella, me dijo también, habían venido a darme la bienvenida algunos miembros de la embajada nigeriana en Roma.

Del aeropuerto me llevaron a una especie de palacio con un inmenso jardín, una villa, como me dijeron que se llamaba, «Villa Dionisya». En el centro del jardín se elevaba otra construcción de una sola planta que miraba a un patio, ¡igual que en Tungan Tudu...! Allí me alojaría durante mi estancia en la ciudad, me dijeron. Estaba profundamente reconocida a aquellas personas, pues se habían preocupado de que me sintiera como en casa. Sorprendida, vi que habían reservado una habitación solo para mí y para Adama, que comunicaba con otra destinada a Laraba, con un baño común a las dos habitaciones. Laraba tuvo que explicarme para qué servían todos aquellos artilugios. La cantidad de agua que salía me dejó asombrada. Allí no había que ir a ningún pozo, girabas una pieza metálica y el agua brotaba por un tubo. Sabía que existían grifos, claro, los había visto también en Sokoto y en Abuja, pero no con tanta agua como allí en Roma... Y además se podía elegir entre caliente y fría, lo que era aún más sorprendente. Recordé lo pesado que debía de haber sido para mi madre prepararme el baño caliente durante los cuarenta días que pasé en Tungan Tudu después del parto.

Las sorpresas de aquel increíble día no habían acabado: en la villa me esperaba un montón de gente perteneciente al centro Dionisya con preciosos regalos, cosméticos para mí y juguetes y muñecas para Adama. Yo estaba conmovida. ¡Qué atentos, qué amables! ¡Y cómo se habían preocupado de que me sintiera a gusto! Adama estaba contentísima con los regalos y se reía. Yo la miré y pensé que el verdadero regalo eran aquellas personas, que tan en serio se habían tomado nuestra felicidad. Lo mismo pensé de un grupo de periodistas que, unos días después, me regalaron algo utilísimo para mí, para Adama y para mis seres queridos del poblado: una maleta repleta de ropa. Jamás olvidaré estos gestos de generosidad, que me acompañarán toda la vida.

Para cenar aquella noche me ofrecieron lo que, según me dijeron, más se comía en Italia: pasta, y me explicaron que aquellos trocitos, todos de la misma forma y tamaño, se elaboraban mezclando agua y harina de trigo, y que se comían con una salsa que podía ser de carne o de verduras. Era lo mismo que hacíamos nosotros con el arroz o el mijo, pensé. Cuando lo probé, vi que la pasta estaba muy buena, aunque solo pude comer un poco.

Aquella noche me acosté muy emocionada por todo lo que había visto ese día y por lo que aún me esperaba. Durante la cena, las personas que me habían invitado a Roma me dijeron que al día siguiente me mostrarían la ciudad y visitaríamos un monumento muy famoso y antiguo llamado Coliseo. Me contaron que una noche, durante la campaña en favor de mi absolución, habían dejado encendidas todas las luces que lo iluminaban como muestra de solidaridad conmigo.

Y al día siguiente lo vi, era majestuoso, inmenso, impresionante... ¿Allí, pues, en medio de la oscuridad, habían encendido en mi honor miles de luces, como fogatas en la sabana, para decir que yo debía vivir y que Adama no debía perder a su madre? Cerré los ojos para imaginarme la escena y al abrirlos los tenía empañados en lágrimas. Lloraba emocionada por la bondad que todo el mundo me demostraba. Pero hasta un momento después no se me hizo patente realmente la magnitud de aquella movilización internacional en mi favor: de improviso me vi rodeada por un grupo de personas que, muy exaltadas, me señalaban, me hacían fotos y querían darme la mano. Hablaban una lengua distinta de la de los habitantes de Roma. Imam me explicó que eran turistas españoles. También en su país mi caso había tenido una gran resonancia y habían publicado mi foto en los periódicos. ¡Me habían reconocido!

Tras la visita al Coliseo me llevaron a ver el resto de la ciudad. Lo miraba todo deslumbrada. Creía que mis ojos no darían abasto. Siempre había pensado que Sokoto era una gran ciudad, ¡pero Roma era enorme! Por las calles circulaban muchísimos coches y pocas motos, al contrario de lo que pasaba en Sokoto. ¿Sería eso la riqueza?

Mi estancia en Roma, tal como me había explicado Imam, concluyó con una ceremonia solemne en la que fui presentada de forma oficial a cuantas personas habían trabajado por salvarme la vida. Esa mañana vino a recogernos un coche que nos condujo a la puerta de un gran edificio. Imam me ayudó a bajar y me abrió paso hasta una gran sala que estaba a rebosar. Habían ido a verme periodistas y personalidades importantes; me pidieron que posara junto a algunos y fui fotografiada.

Las felicitaciones, los saludos, las sonrisas, los apretones de mano, me aturdían. Todos me hablaban aunque yo no entendiera una sola palabra. Por suerte tenía a Imam a mi lado, que me ayudaba; traducía y me explicaba con todo lujo de detalles dónde nos encontrábamos y qué hacíamos. Estaba demasiado desconcertada para entenderlo todo y me limitaba a sonreír, algo que no me costaba ningún esfuerzo, al contrario, sabía que estaba en compañía de personas que me habían apoyado. En un momento dado se hizo el silencio y alguien empezó a hablar. Como me era imposible entender lo que decía, me puse a mirar a mi alrededor. Les estaba muy agradecida a todos por haberme salvado. No, me corregí a mí misma, no exactamente. Quien me había salvado había sido Alá, solo Él. Aquellas personas eran el instrumento que había elegido para hacerlo.

16

UNA NUEVA FELICIDAD Y ALGÚN QUE OTRO PROYECTO

Al cabo de unos días regresé de Roma. Si el lujo y la magnificencia de la gran ciudad extranjera me habían impresionado, al retornar al poblado se intensificó esa sensación. Viendo nuestras casas de barro, incluso pensando en los edificios de Sokoto, simples obras de albañilería, los monumentos y palacios de Roma adquirían proporciones magnas y producían una impresión casi indescriptible. Cuando al caer el día dejaba de oír los gritos de la sabana y los ruidos del poblado, que entonces cesaban invariablemente, parecía que el estruendo del aeropuerto o del tráfico y todos los demás sonidos que había oído en Roma, teléfonos, sirenas, timbres, altavoces, músicas, adquiriesen las dimensiones de un fragor ensordecedor que obligara a taparse los oídos. Y cuando, ya entrada la noche, observaba la profunda oscuridad que rodeaba Tungan Tudu y alzaba los ojos al cielo estrellado enseguida me venían a la memoria, más que las de Abuja, las mil luces de Roma, miles de soles cegadores y molestos que me impedían dormir. Todo aquello se me antojaba un sueño, una tormenta de arena de la que acababa de salir. Mi lugar era el poblado, ahora lo sabía. La vasta calma, las voces serenas de mis padres, la carita dulce y tranquila de Adama me parecían aún más que antes el mayor regalo que Alá podía hacerme.

Y entonces deseé que todo volviera a la normalidad. «Basta, quiero volver a ser la Safiya que fui, la mujer de antes de la pesadilla...», pensaba. Sabía que solo así podría ser feliz. Aunque en el poblado seguían viéndome como a una mujer sola, tres veces repudiada y adúltera, ya no me importaba. Ahora además tenía dinero, lo ocurrido no había sido en vano; dinero que me habían dado los periodistas que fueron a entrevistarme, la ONG que me había invitado a Roma y otras personas, y si lo administraba bien no volvería a pasar estrecheces. Al revés, Adama, Aisha, mis padres y yo podríamos vivir con mayor seguridad, incluso satisfacer nuestros deseos y concedernos algún que otro capricho. No pedía más, me sentía satisfecha de la vida. Pero los caminos de Alá y de su Profeta son infinitos y a menudo nos llevan a donde nunca hubiéramos imaginado ir. A mí, transcurrido un tiempo después de mi viaje a Roma, me llevaron a un nuevo amor. ¿Imposible? Eso pensaba yo también, a tal punto que ni en sueños hubiera creído que pasara; pero así fue. Tenía treinta y cinco años, y esto se reflejaban en mi cuerpo y mente, y arrastraba una historia que no todos los hombres serían capaces de aceptar, mucho menos siendo musulmanes, pero aun así ocurrió.

Como en las otras ocasiones en las que mi vida había dado un giro, todo empezó una mañana; la mañana en que mi padre, después de la oración, me llamó a su cuarto.

—Safiya, me han pedido tu mano.

Un latigazo no me hubiera aturdido tanto. Tardé en entender la frase. ¿Pedido mi mano? ¿Alguien quería casarse conmigo? ¿Seguro que conmigo? ¿Casada otra vez?

Mi padre esperaba en silencio. Solo cuando le pareció que yo había entendido sus palabras continuó:

—El hombre que te quiere por esposa se llama Mohammed. Trabaja en el sur, ha leído tu historia en los periódicos y me ha enviado a un mensajero con la propuesta de matrimonio.

Miré a mi padre con atención para ver si aquello lo alegraba o si también él pensaba que todo se había acabado y yo debía resignarme a estar sola, pero sus ojos ya completamente ciegos eran inexpresivos y tampoco su cara reflejaba lo que pensaba.

—Mohammed es de Sokoto —continuó—, y te ha visto alguna vez porque es músico y ha tocado el tambor en todas la bodas de la zona. He pedido información sobre él; es un buen hombre, sin hijos, trabaja en el sur desde hace unos años y eso prueba hasta qué punto es capaz de hacer sacrificios. Es pobre, pero si Alá lo ha puesto en tu camino es que es un regalo.

Aquellas palabras disiparon mis dudas: mi padre deseaba que me casara. Eso lo honraba, pues demostraba que le importaba más mi felicidad personal que su conveniencia, ya que si me quedara en casa para siempre podría cuidar de él y de mi madre. Conmovida, no pude contenerme y me eché a llorar.

Mi padre no podía ver mis lágrimas, pero sí mi alma.

—Sé lo que estás pensando, Safiya —me dijo—, pero debemos plegarnos a la voluntad de Dios. Sé que no abandonarás nunca a tus ancianos padres, y nosotros estaremos felices de saber que tú eres feliz y llevas una vida plena. —Lo dijo en un tono especialmente sereno, como si durante la oración de un momento antes Alá le hubiera hablado personalmente.

»Sé que hay otra cosa que podría preocuparte —añadió—, pero no temas. Sí, es verdad que podría llegar el día en que también Mohammed te repudiara y el matrimonio volviera a fracasar; todo puede suceder. Pero nada sabemos del futuro y está bien que así sea, pues hay que aceptar lo que Alá tenga a bien enviarnos. Mira atrás: Él ha hecho que te repudien tres veces, que te condenen a la lapidación, que te absuelvan y que ahora encuentres un nuevo marido.

Dicho lo cual me cogió cariñosamente la mano y me despidió.

No podía dejar de pensar en lo ocurrido mientras me ocupaba de la casa y de Adama. Volver a casarme... No sabía qué hacer y fui a ver a mi madre, que, como en las anteriores ocasiones, ya debía de saberlo. Y, en efecto, me sonrió nada más verme. Una simple sonrisa, aunque más elocuente que muchas palabras. Aquella sonrisa decía: «Me alegro mucho por ti».

Hoy estoy casada con Mohammed. Es un hombre bueno, alegre, amable. Ha aceptado con amor a Adama y Aisha. Al final Alá ha querido que yo sea feliz. Mohammed y yo miramos al futuro y hacemos proyectos en común. Lo que más deseo es darle un hijo, porque nunca ha gozado de la dicha de tener uno y sé que sería un padre excelente. Económicamente nos las arreglamos sin problemas gracias a mi dinero: a lo mejor compramos una moto para alquilarla y asegurarnos así un ingreso fijo. ¿Que es poco? Quizá. En otros países no faltaría el que se echara a reír y dijera: «¡No es nada!». Quizá. Pero hay que tener en cuenta una cosa: en Tungan Tudu y en los demás poblados, lo «poco» y la «nada» de los demás pueden serlo todo. Incluso la felicidad.

EPÍLOGO

Escribo este epílogo en calidad de primer abogado defensor en el juicio que ha llevado a la absolución de Safiya Hussaini Tungan Tudu y como persona implicada en los hechos anteriores y posteriores a dicha absolución.

La *sharía*, abolida tras la llegada a Nigeria de los colonialistas ingleses, fue puesta de nuevo en vigor por el gobierno instaurado en mayo de 1999, momento en el que se impuso además una rígida aplicación de algunas de las leyes que los ingleses, con la unificación del territorio bajo una única entidad política, habían derogado en 1914. Con la concesión de la independencia por parte del gobierno británico en 1960, Nigeria pasó a ser un estado soberano, circunstancia que dio origen a una serie de conflictos entre grupos de interés, particularmente entre los musulmanes del norte, los cristianos del sur y las minorías repartidas por todo el territorio.

Quiero analizar aquí los efectos de la puesta en vigor de la *sharía*, cómo ha sido recibida por los musulmanes y el escándalo causado por musulmanes y no musulmanes en relación con el restablecimiento de la *sharía* en el sistema legal nigeriano.

Examinaré el pasado de la *sharía* en la Nigeria precolonial y poscolonial y comentaré la actual posición de algunos estados septentrionales respecto a la rígida aplicación de determinadas leyes, circunstancia que ha desencadenado las protestas del mundo occidental. El conocido caso de Safiya Hussaini Tungan Tudu es solo un ejemplo entre muchos.

La *sharía* es un cuerpo de principios religiosos islámicos a los que se ha dado fuerza de ley para regular la vida de los musulmanes. Si bien profesar la religión islámica es opcional, la *sharía* es vinculante para los musulmanes. Es un sistema de leyes omnímodo, cuyos principios básicos están contenidos en el Corán y cuyas correspondientes interpretaciones y explicaciones se hallan recogidas en los hadices, que narran los hechos y dichos del sagrado profeta Mahoma (que la paz sea con Él). Para que sean válidas, las leyes de una sociedad islámica deben respetar las imposiciones de la *sharía*.

Fueron las caravanas y los mercaderes provenientes de países de África del norte, como Sudán, Marruecos y Egipto, los que introdujeron la *sharía* en Nigeria y el islam en el norte del país. A comienzos del siglo XIX el *yihad* de Sokoto, declarado por Usman dan Fodio, dio origen al califato de Sokoto, que comprendía varias regiones del norte. Se inició entonces la rígida aplicación de los castigos previstos en la *sharía*, una situación que duró hasta la llegada de los colonialistas ingleses.

El derecho colonial se impuso a la *sharía*, y el nuevo gobierno hizo prevalecer sus leyes. Se promulgaron disposiciones que prohibían la imposición de castigos «contrarios a la justicia natural y a la naturaleza humana». Los castigos previstos para los delitos de *zina* (adulterio), *sariqa* (robo) e *hiraba* (pillaje) fueron, por tanto, suspendidos.

Los órganos encargados de administrar la ley islámica, como el Consejo Judicial del Emir o los tribunales de los *alkali* (islamistas), quedaron bajo control de las autoridades coloniales. El poder era ejercido según las siguientes disposiciones:

— Los tribunales no reconocidos por el «residente» (un funcionario colonial) quedaban incapacitados para ejercer justicia. Un tribunal no autorizado que emitiese una sentencia podía ser perseguido legalmente.
— El residente tenía facultades para nombrar, suspender o destituir a los miembros de los tribunales autóctonos.
— El residente tenía asimismo amplias facultades para inspeccionar y revisar pruebas y sentencias, trasladar casos, etc.

— Las condenas a muerte dictadas por los tribunales del emir debían ser ratificadas por el gobierno.

Al contrario de lo que ocurría en el sur del país, los funcionarios coloniales no se ocupaban de la administración de la ley o del derecho consuetudinario, que también estaba sujeto a las restricciones antes mencionadas, y la mayor parte de las causas se tramitaban en los tribunales de los *alkali*. Esta organización contaba con el beneplácito del gobierno colonial. El declive de la *sharía* se inició en 1947 con el célebre caso de Tsofo Gubba.

TSOFO GUBBA CONTRA LA AUTORIDAD AUTÓCTONA DE GWANDU (1947)

Tsofo Gubba, acusado de homicidio voluntario, fue juzgado según la ley islámica y condenado a muerte por un tribunal autóctono. En el juicio de apelación, el Tribunal Supremo dictaminó que, a la vista de los hechos, la sentencia se correspondía con el castigo previsto por la ley islámica para el delito de *qisas* (delito de sangre), pero observó que, si se hubieran atenido al código penal en vez de a la ley islámica, la acusación habría sido de homicidio involuntario, delito castigado con una pena inferior.

No obstante, el Tribunal Supremo reconoció que no tenía poder para modificar la sentencia, dado que el tribunal autóctono había sido oficialmente autorizado a actuar con arreglo a las leyes y tradiciones autóctonas y a dictar cualquier sentencia que, no siendo «contraria a la justicia natural y a la naturaleza humana», estuviera prevista por ese cuerpo de leyes.

El caso fue trasladado al Tribunal de Apelación de África Occidental (WACA), para que este examinase la legitimidad de los tribunales autóctonos para actuar conforme a las leyes y tradiciones autóctonas. Se examinó asimismo la disposición del artículo 4 del código penal, según el cual «independientemente del delito en cuestión, nadie podrá ser juzgado o condenado por un tribunal no autóctono, salvo en casos expresamente contemplados por el código penal o por otras disposiciones normativas». Esta cláusula fue eliminada en 1933.

El Tribunal de Apelación de África Occidental admitió expresamente que la finalidad de esta enmienda era la de vincular los tribunales autóctonos al código penal para que, cuando alguno de ellos tuviera que juzgar a una persona por un delito contemplado en dicho código, tuviera que atenerse a este. Es decir, la enmienda limitaba el recurso a las leyes y tradiciones autóctonas a aquellos delitos que no estuvieran previstos en el código penal.

Basándose en esta interpretación, el Tribunal de Apelación de África Occidental declaró que el tribunal autóctono tendría que haber aplicado el código penal y que, por tanto, la condena era injusta, puesto que el delito cometido era solo de homicidio involuntario. Sin embargo, tras examinar su propio estatuto, el tribunal se dio cuenta de que no tenía poder para alterar veredictos pronunciados por otros tribunales y se limitó a anular la condena y casar la sentencia.

Reacciones al caso Gubba

En el norte del país la decisión del Tribunal de Apelación de África Occidental fue condenada porque:

— No era posible obligar a los tribunales *alkali* a obviar las tradiciones seculares en favor de un código que les era completamente ajeno.

— Obligar a los tribunales *alkali* a abandonar la ley islámica en favor del código penal era visto como un revés para la administración de justicia y como una violación del compromiso de los ingleses de no injerirse en el islam.

Resolución del conflicto en el caso Gubba

1. *Aprobación del decreto sobre tribunales autóctonos*

Este decreto establecía una serie de disposiciones que habían de permanecer en vigor hasta octubre de 1951, en espera de un reglamento que conciliara de manera más satisfactoria los dos sistemas jurídicos. Dichas disposiciones eran:

a) En el artículo 3 se afirma que los tribunales autóctonos están facultados para juzgar a un reo según las leyes y tradiciones autóctonas, incluido el caso de que el delito del que se le acusa esté previsto en el código penal. A los tribunales autóctonos se los autoriza para aplicar cualquier parte del código penal. Esta disposición pone a los tribunales autóctonos a salvo de un posible segundo caso Gubba y les garantiza el derecho a aplicar el código penal cuando lo consideren oportuno.

b) Se otorgan mayores poderes a los tribunales de apelación, desde los tribunales autóctonos hasta el Tribunal de Apelación de África Occidental, que ahora tienen atribuciones para instruir un nuevo juicio; convocar una nueva audiencia, con otra acusación si fuera el caso y para modificar un veredicto probado por los hechos.

La idea es permitir, entre otras cosas, que el tribunal de apelación pueda cambiar un veredicto de homicidio voluntario según la ley islámica por el de homicidio involuntario según el código penal.

El artículo 5 dispone que los casos de homicidio juzgados en un tribunal autóctono y cuya sentencia no haya sido recurrida sean automáticamente revisados. Al cerrar el caso, las actas deben ser remitidas al Tribunal Supremo. Todos y cada uno de los jueces del Tribunal Supremo tienen la facultad, cuando crean que un veredicto en primera instancia es inaceptable por haber sido dictado con arreglo a las leyes y tradiciones autóctonas y a despecho del código penal, de anular la sentencia y decidir si:

1. Absolver al imputado.
2. Ordenar que el juicio sea repetido ante el Tribunal Supremo y conforme al código penal.
3. En caso de condena a muerte, cambiar la acusación por la de homicidio involuntario y adecuar a ella la nueva condena.
4. Declarar al acusado culpable y mentalmente enfermo, y emprender las acciones previstas por el código penal en tales casos.

Solo podrá emprenderse una actuación cuando haya pasado el plazo para presentar recurso de apelación, lo que puede hacerse ante el Tribunal Supremo o ante el Tribunal de Apelación de África Occidental. Los juicios celebrados en tribunales autóctonos por delitos que no sean de homicidio podrán ser revisados en caso de que con el recurso de apelación, presentado en los seis meses siguientes al primer veredicto, se solicite el traspaso de las actas al Tribunal Supremo.

Observaciones:

a) El fin era corregir la anomalía que el caso Gubba había puesto de manifiesto. Gracias a los poderes extraordinarios concedidos al Tribunal de Apelación, casos como ese ya no podrían repetirse: en el caso Gubba, de hecho, el Tribunal de Apelación de África Occidental había anulado la sentencia pero no emitió otra alternativa, por no estar facultado para ello.

b) Los tribunales musulmanes se volvieron aún más débiles con respecto a los tribunales coloniales ingleses.

c) Persistía la anomalía en relación con la doble jurisdicción en materia de homicidios.

Antes de la independencia de Nigeria, en 1960, el gobierno colonial y los jefes nacionalistas del norte del país llegaron a un acuerdo para revisar el sistema legal y procesal vigente en el norte.

Razones:

a) Los temores de las minorías. La cuestión fue planteada en la asamblea constitucional de 1957. El gobierno británico declaró que no fijaría una fecha para la independencia si antes no se encontraba una solución al problema. Se acordó crear una comisión de investigación encargada de establecer cuáles eran los temores de las minorías, cuyo informe sería analizado en la asamblea del año siguiente. La comisión trabajó del 23 de noviembre de 1957 al 12 de abril de 1958. Los temores de las minorías se referían en concreto:

— Al destino de los encausados no musulmanes en los tribunales musulmanes. Y es que se habían dado casos de no musulmanes procesados por delitos que solo lo eran según la ley musulmana.

— A la ley musulmana sobre el homicidio, según la cual el homicida podía entregar a los parientes de la víctima una cantidad que la religión debía determinar.

— Al control de las autoridades autóctonas sobre los tribunales autóctonos.

La comisión se dio cuenta de que, aunque la discriminación contra los no musulmanes no era muy acusada, existía el riesgo de que se intensificara como consecuencia de la independencia de Nigeria.

b) Temores relacionados con el futuro económico de las regiones septentrionales. Los jefes del norte vieron que la supervivencia económica del septentrión, una vez obtenida la independencia, dependía de la voluntad de los países occidentales de proporcionarles ayuda e invertir en la zona. Mientras predominase la ley islámica, las ayudas e inversiones no abundarían.

c) El conflicto entre el código penal colonial y el código penal islámico aún no había sido resuelto satisfactoriamente.

2. *Envío de delegaciones a otros países musulmanes*

Decidido a reformar el sistema legal, el gobierno colonial de Nigeria septentrional envió una serie de delegaciones a otros países musulmanes que hacía poco habían salido de la dominación colonial para ver cómo hacían frente ellos a problemas parecidos a los que tenían en el norte del país. Se enviaron tres delegaciones, a Pakistán, Libia y Sudán, respectivamente.

Los temores manifestados a la comisión por las minorías tuvieron un peso notable a la hora de decidir el envío de esas delegaciones. Había que examinar, entre otras cosas, la tendencia a juzgar a no musulmanes por delitos que solo lo eran según la ley islámica, la sujeción de los no musulmanes a procesos disciplinarios en tribunales musulmanes y la prohibición de declarar en tribunales musulmanes que pesaba sobre los no musulmanes.

Las delegaciones expusieron sus conclusiones en julio de 1958. Se vio que era muy posible avanzar seriamente en la resolución de los problemas sin vulnerar los fundamentos del islam.

3. *Colegio de juristas*

En 1958 el gobierno de Nigeria del norte nombró un colegio de juristas para redactar un decálogo de reforma del sistema legal.

1. Mandato: visto que en otros países musulmanes y no musulmanes convivían tranquilamente —en particular en Libia, Pakistán y Sudán—, se hizo necesario estudiar:

   a) El sistema legal vigente en el norte, la organización de los tribunales y el sistema judicial.
   b) La posibilidad y la utilidad de evitar posibles conflictos entre los sistemas legales vigentes, así como la manera de alcanzar este objetivo y de organizar tribunales y magistratura.

2. Informes de la comisión para las minorías: el colegio tomó en consideración las recomendaciones de la comisión sobre la ley islámica. En concreto había que:

   a) Evitar que los no musulmanes fueran juzgados en tribunales musulmanes.
   b) Encargar a un colegio de juristas de nombrar y dirigir un cuerpo regional de *alkali*.

3. Miembros:

   Sayyad Mohammed Abu Rannat, primer juez, Sudán.
   J. Moh'd Sheriff, presidente de la Pakistan Law Commission.

Profesor J. N. D. Anderson, de la SOAS.
Shetima Kashim, *gaziri* de Borno.
Peter Achimugu, un cristiano de Nigeria del norte.
M. Musa, *alkali* de Bida.

4. Propuesta

a) Leyes para aplicar

1. Nigeria septentrional tiene que dotarse de un código penal y una ley de enjuiciamiento penal universales que sustituyan a las leyes vigentes. Dicho código ha de respetar los principios fundamentales del islam pero al mismo tiempo ser aceptado por todos. Se propone que se inspire en los que rigen en Sudán y Pakistán, que son sencillos, conformes al Corán y la sunna y aceptables para todos los musulmanes.
2. Las leyes en materia de derecho de las personas y derecho de familia de cada comunidad deben seguir vigentes tal como están.
3. Los contratos estarán sujetos a la ley que las partes decidan aplicar para regular sus transacciones.
4. Los delitos civiles serán juzgados según las leyes aplicables a ambas partes. En caso de divergencia, predominará el derecho penal. En un principio, los tribuna-

les autóctonos usarán el código como una simple referencia, para que los jueces puedan ejercitarse en su aplicación. Se concede al Alto Tribunal y a los juzgados de instrucción el derecho inmediato de aplicarlo.

b) Desvinculación

La comisión para las minorías sugirió que se permitiera a los no musulmanes desvincularse de los tribunales musulmanes. El colegio propuso que se adoptase esta medida con carácter transitorio para que los jueces tuvieran tiempo de familiarizarse con la aplicación de los códigos.

El procedimiento fue introducido en 1958. Obligaba a los tribunales autóctonos a preguntar al acusado o al imputado por su religión. Si este era musulmán y el tribunal no musulmán, o viceversa, podía negarse a ser juzgado por ese tribunal.

El procedimiento resultó de difícil aplicación y creó numerosos problemas. En 1961 fue abolido.

c) Reforma de los tribunales nacionales

Además de la reforma del sistema de apelación, el colegio propuso también la formación y supervisión de los *alkali* y de los funcionarios de los tribunales autóctonos.

1. Sistema de apelación. Todas las provincias deben tener su propio tribunal, en el que trabajen funcionarios estatales del gobierno regional designados por la correspondiente comisión de nombramiento. El tribunal debe estar compuesto por un *alkali* o presidente y dos miembros del jurado. Es el primer paso para la creación de un sistema judicial con base regional. Los tribunales provinciales son independientes de las autoridades autóctonas y tramitarán juicios de apelación contra sentencias de los tribunales de grado A, B, C y D.

El tribunal de apelación debe ser sustituido por un Tribunal de Apelación de la Sharía integrado por un gran cadí, un vicegran cadí y veinte jueces encargados de tramitar todos los recursos de apelación en materia de derecho de los ciudadanos musulmanes. La decisión de este tribunal es inapelable. El Tribunal de Apelación de la Sharía se ocupa de los recursos de apelación contra sentencias de los tribunales de grado A, A limitado y de los tribunales provinciales.

El resto de los recursos de apelación se tramitarán en un tribunal de apelación autóctono instituido por el Alto Tribunal y formado por dos jueces del propio Alto Tribunal y un juez del Tribunal de Apelación de la Sharía. Los tres jueces tendrán las mismas atribuciones.

2. Formación y supervisión. El colegio hizo las siguientes recomendaciones:

— Organizar cursos de formación dependientes del Instituto de Administración de Zaria para preparar a los jueces en la aplicación de los nuevos códigos.
— Organizar cursos para nigerianos del norte del país a fin de formar nuevos magistrados y jueces del Alto Tribunal.
— Limitar la presencia de representantes legales en los tribunales autóctonos y aumentar el salario de los *alkali*.

Estas prácticas estuvieron en vigor hasta mayo de 1999, momento en el que los gobernadores de algunos estados del norte implantaron de nuevo la *sharía* y una rígida aplicación que incluía castigos como la muerte por lapidación en caso de adulterio para personas casadas y cien latigazos para personas no casadas, amputación de la mano en caso de robo, etc.

El primer estado que volvió a introducir la *sharía* fue el de Zamfara, en el noroeste de Nigeria. Otros estados como Sokoto, Kano y Kebbi siguieron el ejemplo.

El 27 de octubre de 1999 Mohammadu Jero fue acusado

del robo de una vaca en su poblado del estado de Zamfara. Le fue amputada la mano derecha.

Parecida tendencia integrista en la aplicación de la *sharía* se observó en el estado de Sokoto y en otros estados del norte, algunos de los cuales abolieron el código penal y la ley de enjuiciamiento penal vigentes y los sustituyeron por el código penal de la *sharía* y su correspondiente ley de enjuiciamiento penal. Esta circunstancia dio origen al conocido caso de Safiya Hussaini Tungan Tudu.

SAFIYA

Safiya Hussaini Tungan Tudu fue condenada por el Tribunal Superior de la Sharía de Gwadabawa por el presunto delito de adulterio (*zina*) y condenada a muerte por lapidación en virtud del artículo 129, apartado *b* del código penal de la *sharía* de Sokoto. El veredicto fue dictado el 9 de octubre de 2001.

Safiya Hussaini Tungan Tudu se presentó en nuestro gabinete legal el 23 de octubre de 2001, exactamente dos semanas después de pronunciada la sentencia. Oídos los hechos, procedimos a redactar los documentos necesarios para el recurso de apelación y la instancia de aplazamiento, que presentamos al Tribunal de Apelación de la Sharía de Sokoto, conforme a lo previsto en el artículo 233, párrafo 2, apartado *b* de la ley de enjuiciamiento penal de la *sharía* de Sokoto.

Cinco días después se presentó en nuestro gabinete Malam Mustapha Ismael. Venía de Kano en representación de una organización de Lagos llamada Baobab, defensora de los derechos humanos. Esta organización se ofrecía a ocuparse del caso de Safiya Hussaini Tungan Tudu. Aceptamos y mantuvimos numerosos encuentros.

El 22 de octubre de 2001 el Tribunal de Apelación de la Sharía de Sokoto aceptó la instancia de aplazamiento presentada en nombre de Safiya Hussaini Tungan Tudu y fijó la audiencia de apelación para el 14 de enero de 2002.

En esa fecha el abogado Abdulkadir Imam Ibrahim presentó el recurso de apelación en favor de Safiya Hussaini Tungan Tudu. El tribunal aplazó la audiencia al 18 de marzo de 2002 para permitir que el ministerio público de Sokoto respondiera a las cuestiones presentadas.

Durante el juicio se trataron los puntos siguientes:

Punto 1

En el recurso de apelación presentado por nuestro gabinete legal, el abogado defensor Abdulkadir Imam Ibrahim argumentó que el Tribunal Supremo de la Sharía de Gwadabawa había actuado saliéndose de su propia esfera de competencia. El Tribunal, en efecto, había cometido un error, pues —según las actas del Tribunal mismo— Safiya Hussaini Tungan Tudu fue acusada oficialmente de adulterio el 23 de diciembre de 2000, cuando llevaba ya un mes embarazada, cuando la ley —según el código penal de la *sharía* de Sokoto— había entrado en vigor el 31 de enero de 2001. Y es sabido que el derecho penal no tiene efectos retroactivos. Se apeló asimismo al artículo 4, párrafo 9, al artículo 36, párrafo 8 y al artículo 277, párrafo 1 de la Constitución de la República Federal de Nigeria (1999).

CAPÍTULO 17, VERSÍCULO 5 DEL CORÁN

Punto 2

Retractación por parte de Safiya Hussaini Tungan Tudu de anteriores declaraciones y negativa a admitir el presunto delito de adulterio con un tal Yakubu Abubakar Tungan Tudu, así como exposición de algunos puntos dudosos del caso en su conjunto. Se hizo alusión a varios enunciados del sagrado profeta Mahoma (que la paz sea con Él) en los siguientes libros:

1. *Muitasar*, vol. II, p. 285.
2. *Fiqhu sunnah*, vol. II, p. 241.
3. *Biday at-al-Mujtahid wani hayyat al-Muqtasid*, vol. II, p. 468.

4. *Ihkamu al-Ahkami*, p. 118.
5. *Sahih al-Muslim*, vol. II, p. 193.

Se decidió asimismo sustituir la jurisprudencia y la literatura en materia de retractación por la jurisprudencia y la literatura relacionadas con el embarazo. Véanse los textos antes mencionados.

Punto 3

En su discurso, la defensa se preguntaba si en el momento de ser juzgada por el Tribunal Superior de la Sharía de Gwadabawa, Safiya Hussaini Tungan Tudu era una *muhsinee*, es decir, una mujer legalmente casada, y, por tanto, merecedora de ser lapidada a muerte por el delito de adulterio. Se mencionó, entre otros, el siguiente texto: *Biday at-al-Mujtahid wani hayyat al-Muqtasid*, p. 470.

Punto 4

Se adujo que el *izari*, el derecho de las partes a pronunciarse por última vez antes de dictar sentencia, había sido conculcado. Con el apoyo de la jurisprudencia y de los textos relacionados con la importancia del *izari* fue posible demostrar que el hecho de que un tribunal de la *sharía* no lo hubiera observado comportaba la anulación de la sentencia. Los textos a los que la defensa se remitió son los siguientes:

1. *Ihkamu al-Ahkami.*
2. *Bahjah.*
3. *Mujhtasar.*

Punto 5

Su señoría el juez del Tribunal Supremo de la Sharía de Gwadabawa había basado la condena de Safiya Hussaini Tungan Tudu en el embarazo de la imputada. Contra esta argumentación objetamos de acuerdo con el consenso general y la opinión de Shafi, según los cuales el embarazo no es por sí solo motivo suficiente para dictar una sentencia de muerte por lapidación. Véase *Sahih-al Muslim*, vol. II, pp. 192-193.

Punto 6

Se objetó contra los procesos de arresto e incriminación de Safiya Hussaini Tungan Tudu ante el Tribunal Superior de la Sharía de Gwadabawa, procesos que contrastaban con los principios de la *sharía*: las circunstancias que propiciaron el arresto de Safiya Hussaini Tungan Tudu suponían un acto de intromisión indebida por haber sido un hermano suyo (hijo de sus mismos padres) el que la había denunciado al tribunal encargado de velar por el comportamiento religioso de la ciudadanía, tribunal que, a su vez, había avisado a la policía, la cual había procedido a detener a la imputada. Se trataba de otra infracción del sagrado Corán, según el cual hay que respetar la intimidad y la vida privada de los demás. Hay además textos que ponen de manifiesto lo mucho que molestaba al sagrado profeta Mahoma (que la paz sea con Él) que le contasen casos como ese.

Punto 7

Se argumentó de nuevo que el procedimiento seguido por el Tribunal Superior de la Sharía de Gwadabawa no concordaba con el procedimiento que según la ley penal procesal de la *sharía* de Sokoto había que seguir en el proceso penal de la *sharía*. Un examen cuidadoso de las actas del juzgado de instrucción demostró que a la imputada no se le había permitido comprobar la veracidad de las pruebas presentadas y, por tanto, el juicio había que considerarlo nulo. Véanse el artículo 35, párrafo 2, y el artículo 36, párrafo 1, de la Constitución de la República Federal de Nigeria (1999).

Recuérdese que el recurso de apelación fue presentado ante el Tribunal de Apelación de la Sharía de Sokoto el 14 de enero de 2002. El juicio fue fijado para el 18 de marzo siguiente a fin de dar tiempo al ministerio fiscal de responder a las argumentaciones del abogado defensor. En esa fecha tanto el abogado defensor como el ministerio público pronunciaron sus respectivos discursos de clausura y la sesión quedó aplazada hasta el 25 de marzo de 2002, día en que se emitiría el veredicto.

El veredicto definitivo del Tribunal de Apelación de la Sharía fue pronunciado el 25 de marzo de 2002. La condena fue revocada y Safiya Hussaini Tungan Tudu fue absuelta del delito de adulterio.

Resumen

1. La *sharía* está presente en el norte de Nigeria desde el siglo XVI.
2. El *yihad* de Shehu Usman dan Fodio propició la implantación de las prácticas originales de la *sharía* y eliminó las corrompidas, que se practicaban en las áreas del califato.
3. La llegada de los colonialistas ingleses al norte del país tuvo un fuerte impacto político y ejerció una influencia negativa tanto en el sistema educativo como en el desarrollo cultural, e impusieron un estilo de vida típicamente occidental.
4. Los ingleses suprimieron del código penal en vigor en el norte del país la lapidación y la amputación, suavizando así la práctica de la ley islámica en la zona.
5. Los intentos por relanzar la ley islámica con ocasión de la Asamblea Constituyente de 1978 fracasaron debido a la escasa presencia de musulmanes.

6. El gobernador del estado de Zamfara, Alhaji Sani Ahmed, introdujo de nuevo algunos aspectos de la *sharía* que los ingleses habían eliminado al implantar el código penal. Esta iniciativa suscitó nuevas polémicas acerca del sistema legal vigente en Nigeria.
7. Para una aplicación equilibrada de la *sharía* en el norte de Nigeria es preciso promover el diálogo entre las personas directamente implicadas, como ocurrió en el estado de Kaduna, cuyos líderes cristianos y musulmanes tuvieron que confrontar sus respectivos puntos de vista y llegar a un compromiso. Actualmente es un debate de carácter únicamente político.

Propuestas

1. Una mejora de las condiciones socioeconómicas de los estados en los que rige la *sharía* permitiría una aplicación más equilibrada de la misma.
2. La estructura de la *sharía* vigente en el norte de Nigeria es distinta tanto de la del período colonial como de la que entró en vigor tras la independencia, en 1960. Entre 1960 y 1999 la estructura contemplaba solamente el derecho de las personas, siguiendo el modelo de la que rigió entre 1900 y 1960, con la diferencia de

que en este caso los ingleses se ocuparon de prohibir determinados castigos que normalmente sí se aplicaban en la época precolonial.

3. Es importante educar al pueblo en los principios de la ley islámica, al objeto de reducir el número de errores judiciales.
4. Es necesario que la administración de la ley quede en manos de funcionarios cultos e imparciales, a fin de reducir el número de errores judiciales.
5. De momento la *sharía* no afecta ni a los altos funcionarios del gobierno ni a las fuerzas vivas del lugar.

ABDULKADIR IMAM IBRAHIM, abogado,
Gabinete legal Mutunci,
febrero de 2003

Safiya con su hija Adama, de dos años de edad.

Safiya y Adama.

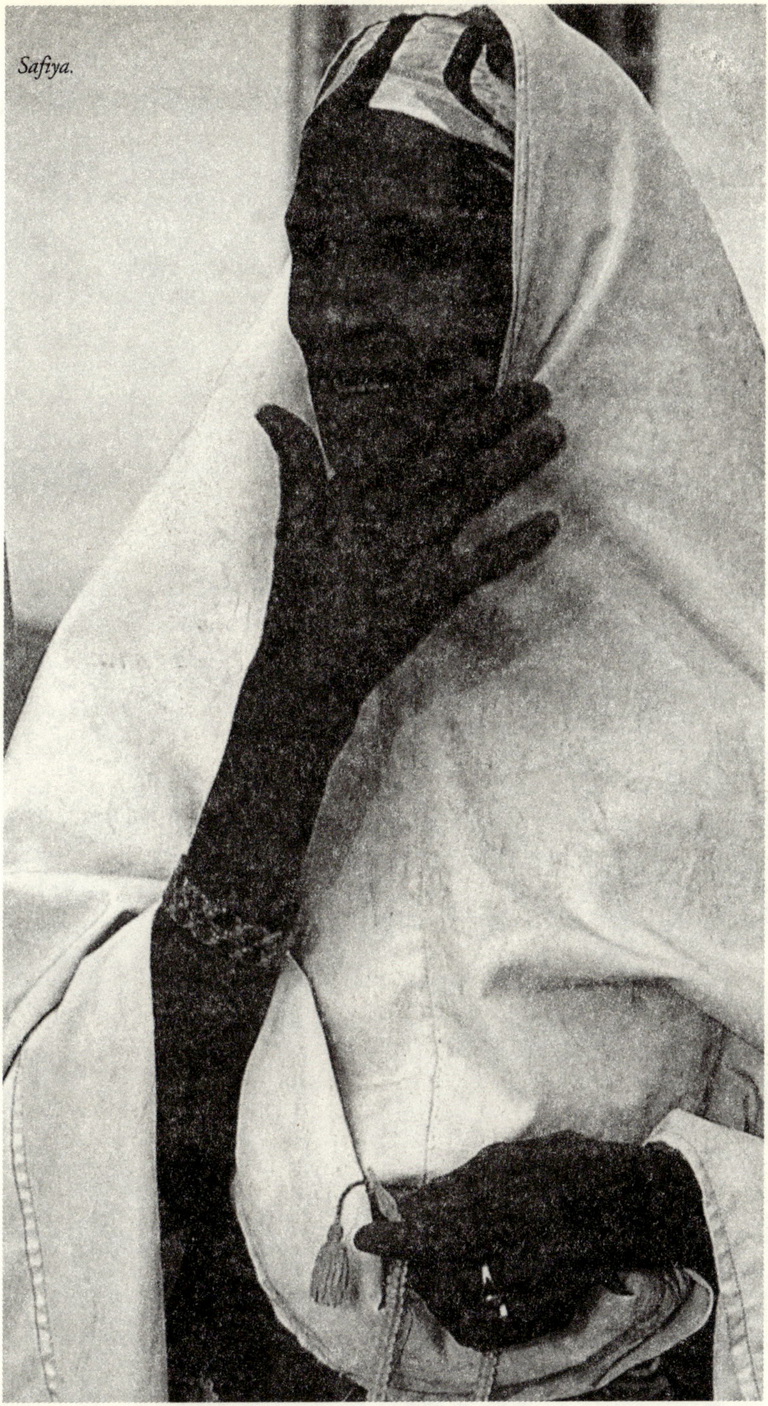

Safiya.

Safiya con Adama y A'isha. Ellas son las únicas, de sus siete hijos, que aún viven con ella. Los demás han muerto o viven con sus anteriores maridos.

Una manada de vacas en Tungan Tudu.

En Tungan Tudu las casas son de adobe y se confunden con el característico entorno de la sabana.

Un grupo de niños en Tungan Tudu, el poblado de Safiya.

La típica tablilla que los niños utilizan para aprender a leer y escribir, transcribiendo los versículos del Corán.

Hasta llegar a la adolescencia, las niñas no tienen obligación de llevar velo.

En Sokoto el porcentaje de bicicletas y ciclomotores es uno de los más altos de África.

La Sharía, es decir, la ley islámica, se aplica en los estados del norte de Nigeria desde 1999, en contra de las directrices del gobierno central laico.

En los alrededores de Tungan Tudu, un hombre lleva sus camellos a pastar.

En el estado de Sokoto, como en toda África occidental, el Peugeot 504 familiar es el modelo de coche de más difusión. Se los ve de todos los colores, excepto el negro —que se reserva a los coches oficiales— y el rojo, por traer mala suerte.

Mallan Hussaini Tungan Tudu, padre de Safiya, el hombre que más la ha ayudado a superar su tragedia.

El pozo de Tungan Tudu.

Safiya con sus hijas Adama y A'isha.

La confección de alfombras es una de las principales actividades artesanales de la región de Sokoto.

Las aulas del tribunal islámico donde Safiya fue condenada a la lapidación.

Safiya cerca del pozo del poblado. El estado de Sokoto se encuentra en la franja del Sahel, un lugar donde el agua es un bien escaso.

Safiya y Adama.

Baobab, acacias y arbustos espinosos visten la sabana. Éste fue el escenario donde se movió Safiya cuando decidió huir con su hija.

ÍNDICE